Felix Johan Tölle

Erlösmodelle im deutschen Fernsehen

Felix Johan Tölle

Erlösmodelle im deutschen Fernsehen

IPTV, Mobile TV oder User-Generated-Content:
Chancen und Fallstricke durch konvergente
Vertriebskanäle

VDM Verlag Dr. Müller

Impressum

Bibliografische Information der Deutschen Nationalbibliothek: Die Deutsche Nationalbibliothek verzeichnet diese Publikation in der Deutschen Nationalbibliografie; detaillierte bibliografische Daten sind im Internet über http://dnb.d-nb.de abrufbar.

Alle in diesem Buch genannten Marken und Produktnamen unterliegen warenzeichen-, marken- oder patentrechtlichem Schutz bzw. sind Warenzeichen oder eingetragene Warenzeichen der jeweiligen Inhaber. Die Wiedergabe von Marken, Produktnamen, Gebrauchsnamen, Handelsnamen, Warenbezeichnungen u.s.w. in diesem Werk berechtigt auch ohne besondere Kennzeichnung nicht zu der Annahme, dass solche Namen im Sinne der Warenzeichen- und Markenschutzgesetzgebung als frei zu betrachten wären und daher von jedermann benutzt werden dürften.

Coverbild: www.purestockx.com

Erscheinungsjahr: 2008
Erscheinungsort: Saarbrücken

Verlag:
VDM Verlag Dr. Müller Aktiengesellschaft & Co. KG, Dudweiler Landstr. 125 a, 66123 Saarbrücken, Deutschland,
Telefon +49 681 9100-698, Telefax +49 681 9100-988,
Email: info@vdm-verlag.de

Herstellung in Deutschland:
Schaltungsdienst Lange o.H.G., Zehrensdorfer Str. 11, D-12277 Berlin
Books on Demand GmbH, Gutenbergring 53, D-22848 Norderstedt
Reha GmbH, Dudweilerstrasse 72, D-66111 Saarbrücken

ISBN: 978-3-639-01961-2

Besonderer Dank gilt meinen Eltern Soile und Norbert, die mir jederzeit in wundervoller Weise zur Seite standen. Danken möchte ich auch Prof. Dr. Bernhard von Schubert und Jochen Dickel für die Unterstützung während der Schaffensphase. Marina Balzarek und Norbert Blänkner nahmen sich die Zeit, meine Arbeit korrektur zu lesen, danke dafür. Und nicht zuletzt gebührt der Dank meinen Interviewpartnern, insbesondere Kai Wengenroth, für die vielen inspirierenden und gehaltvollen Gespräche.

ABBILDUNGSVERZEICHNIS VIII

ABKÜRZUNGSVERZEICHNIS IX

1. EINLEITUNG 1

2. MARKT UND BEWÄHRTE ERLÖSMODELLE IM DEUTSCHEN FERNSEHEN 3

2.1 Eingrenzung des Untersuchungsbegriffs 3
   2.1.1 Der private Fernsehmarkt 4
   2.1.2 Marktstruktur und Konzentration 5

2.2 Wertschöpfung durch Marktstrategien im privaten Fernsehen 10
   2.2.1 Erlösformen im privaten Fernsehen 13
   2.2.2 Eigenschaften von Content 16
   2.2.3 Content-Beschaffungsstrategien 17
   2.2.4 Content-Erstellung und Produktion 19
   2.2.5 Organisation von Workflows zur Content-Beschaffung und -Aufbereitung 21
      2.2.5.1 Organisation in Projektnetzwerken 23
      2.2.5.2 Vertrieb von TV-Medieninhalten 26
      2.2.5.3 Cross-Media-Management als Alternative und Ausweg 27

3. KONVERGENZENTWICKLUNG 32

3.1 Zu den Begriffen der Konvergenz und der Interaktivität 33

3.2. Technik der konvergenten Contentvermittlung 36
   3.2.1 DVB-Standards 36
   3.2.2 Pay-TV 39
   3.2.3 IPTV 42
   3.2.4. iTV 43
      3.2.4.1 Video-on-Demand, Personal Video Recorder und Electronic Programm Guide 46
      3.2.4.2 Streaming-Video 49
   3.2.5 Triple Play 50

3.3 Konvergenter Content 53
   3.3.1 Content und Content Management nach der Digitalisierung 54
   3.3.2. Konvergenz des Films 54

3.4. Regulationen im Bereich der Konvergenzentwicklung 56

3.5 Urheberrecht im Zuge der Konvergenz 58

3.6 Die Wahrnehmung und Nutzung durch den Rezipienten 61

4. QUALITATIVE BEFRAGUNG ZU NEUEN ERLÖSMODELLEN IM DEUTSCHEN PRIVATFERNSEHEN 63

4.1. Untersuchungsmethode und Fragestellung 63

4.2 Bewertung der Antworten 64

5. VERÄNDERTE ERLÖSSTRUKTUREN DURCH DIE KONVERGENZ 65

5.1 Veränderte Erlösmodelle 66
    5.1.1 Interaktives Fernsehen im weitesten Sinn, Internet-TV und dazugehörige neue Vertriebskanäle 67
    5.1.2 Pay-TV und Video-on-Demand-Modelle im deutschen Fernsehen 71
    5.1.3 Mobile TV 75
    5.1.4 User-Generated-Content-Plattformen 77

5.2 Veränderungen im Rezipientenverhalten 78

6. FAZIT 79

ANHANG 1: TELEFONISCHES INTERVIEW MIT MANFRED NEUMANN 82

ANHANG 2: TELEFONISCHES INTERVIEW MIT ALEXANDER KOLISCH ... 86

ANHANG 3: TELEFONISCHES INTERVIEW MIT KAI WENGENROTH 89

LITERATURVERZEICHNIS XI

Abbildungsverzeichnis

Abb. 1: Senderfamilien 5

Abb. 2: Marktanteile im deutschen Zuschauermarkt 6

Abb. 3: Relevante Teilbereiche eines werbefinanzierten Medienmarktes 10

Abb. 4: Teilmodelle eines integrierten Geschäftsmodells 11

Abb. 5: typische Wertschöpfungskette eines Fernsehsenders 12

Abb. 6: Eigenproduktion und Auftragsproduktion von TV-Beiträgen 23

Abb. 7: Systematisierung von Diversifikationsstrategien von Medienunternehmen 28

Abb. 8: Konvergenz von TV und PC 33

Abb. 9: Übersicht Triple-/ Quadruple-Play 51

Abb. 10: Marktdurchdringungen und -dynamiken 52

Abb. 11: Unterschiedliche Schutzmechanismen in DRM-Systemen 59

Abb. 12: Existierende Geschäftsmodelle und hypothetische Entwicklungen 72

Abkürzungsverzeichnis

Abb.	Abbildung
ADSL	Asymmetric Digital Subscriber Line
AG	Aktiengesellschaft
ARD	Arbeitsgemeinschaft der öffentlich-rechtlichen Rundfunkanstalten der Bundesrepublik Deutschland
bspw.	beispielsweise
bzw.	beziehungsweise
ca.	circa
CD	Compact Disc
d.h.	das heißt
DAB	Digital Audio Broadcasting
DMB	Digital Multimedia Broadcasting
DRM	Digital Rights Management
DSL	Digital Subscriber Line
DVB	Digital Video Broadcasting
DVB-C	Digital Video Broadcasting-Cable
DVB-H	Digital Video Broadcasting-Handhelds
DVB-S	Digital Video Broadcasting-Satellite
DVB-T	Digital Video Broadcasting-Terrestrial
DVD	Digital Versatile Disc
DXB	Digital eXtended Multimedia Broadcasting
EPG	Electronic Program Guide
GfK	Gesellschaft für Konsumforschung
HDTV	High Definition Television
i.d.R.	in der Regel
i.e.S.	im eigentlichen Sinne
IP	Internet Protocol
IPTV	Internet Protocol Television
iTV bzw. I-TV	interactive Television
KEK	Kommission zur Ermittlung der Konzentration im Medienbereich
KKR	Kohlberg Kravis Roberts & Co
mabb	Medienanstalt Berlin-Brandenburg
MHP	Media Home Platform

Mio.	Million
MPEG	Moving Pictures Experts Group
Mrd.	Milliarde
NPPV	Near-Pay-per-View
NTSC	National Television Systems Committee
PAL	Phase Alternating Line
PDA	Personal Digital Assistant
PPC	Pay-per-Channel
PPV	Pay-per-View
PVR	Personal Video Recorder
QoS	Quality of Service
rd.	rund
RTL	Radio Télévision Luxembourg
SMS	Short Message Service
sog.	sogenannte(r/s)
TIME	Telekommunikation, Informationstechnologie, Medien und Entertainment
TKP	Tausendkontaktpreis
u.a.	unter anderem
u.ä.	und ähnliches
UMTS	Universal Mobile Telecommunications System
URL	Uniform Resource Locator
USP	Unique Selling Proposition
VCR	Video Cassette Recorder
VDSL	Very High Data Rate Digital Subscriber Line
vgl.	vergleiche
VHS	Video Home System
VoD	Video-on-Demand
WAP	Wireless Application Protocol
z.B.	zum Beispiel
ZDF	Zweites Deutsches Fernsehen

1. Einleitung

Die Konvergenz im deutschen Fernsehen hat in den letzten Jahren eine rasante Entwicklung genommen. Unaufhaltsam hat die Digitalisierung Einzug in die deutsche Fernsehwelt gehalten. Doch worin besteht der Kern dieses Prozesses? Was ist gleichsam Schmiermittel der neuen Medienformen und veranlasst die Nutzer zur bedingungslosen Hörigkeit neuen Entwicklungen gegenüber? Wo kein Inhalt, da bekanntlich auch kein Rezipient. Es geht also nach wie vor um Content. Hier gilt es immer noch anzuknüpfen, um Konvergenzen der Medien wirtschaftlich nutzbar zu machen. Inwiefern hat es also einen Paradigmenwechsel gegeben, der eine wirtschaftliche Abhängigkeit von konvergenten Erlös- und Geschäftsmodellen eingeläutet hat? Werden klassische Geschäftsmodelle zunehmend ersetzt oder durch interaktive Vertriebskanäle erweitert? Und welche Rolle spielt Content in diesen neuen konvergenten Vertriebskanälen? Wird hier eine Abkehr von werbefinanzierter Erlösgenerierung betrieben?

Der Rundfunk in Deutschland als duales System hat konvergente Strategien und Erlösmodelle in unterschiedlichen Entwicklungsstadien und variierender Ausprägung verinnerlicht. Im öffentlich-rechtlichen Bereich dienen diese zwar einzig und allein der Content-Vermittlung, im privaten, werbefinanzierten Rundfunk werden hier jedoch Umsätze generiert.

Im Verlauf dieser Arbeit soll die Entwicklung konvergenter Vertriebs- und Erlösstrukturen in der deutschen Fernsehbranche erforscht werden. Insbesondere soll hier auf die Rolle der Inhalte in diesen Geschäftsmodellen eingegangen werden. Die Frage, in welcher Form Wertschöpfungsstrukturen bezüglich der drei Medienmärkte – Inhalte-, Beschaffung- und Rezipientenmarkt – selbst verändert werden, bildet einen zentralen Aspekt im zweiten Kapitel der Arbeit. Gleichzeitig wird ein Überblick über die verschiedenen Definitionen von Geschäfts- respektive Erlösmodellen gegeben, wobei das Thema Organisation von Content-Beschaffung auch eine Rolle spielt. Am Ende des 2. Kapitels wird das Thema der Cross-Media Strategien erläutert, da derlei Strategien besonders in konvergente Märkte entscheidend einwirken können.

Im dritten Kapitel wird der Begriff der Konvergenz zunächst definiert, im Folgenden werden aktuelle Instrumente und Wege der konvergenten Contentvermittlung erläutert. Der Fokus liegt in diesem Kapitel auf der Darstellung wichtiger Vertriebskanäle, die sich die Konvergenz zu Nutze macht, um alte und neue Zielgruppen anzusprechen.

Konkret werden hier Video-on-Demand, IPTV, Triple Play und die bisherigen Bemühungen im Bereich des interaktiven Fernsehens in ihrer Umsetzung charakterisiert. Auf die Signifikanz dieser Kanäle für die Medienwirkungsforschung wird im Anschluss kurz eingegangen. Ziel ist es, die Transponder für erlöstechnisch wichtigen Content zu ermitteln. Das 4. Kapitel schildert die Durchführung einer qualitativen Befragung von Experten innerhalb der privaten TV-Branche. Es werden Kategorisierungen der Fragen vorgenommen und die Bewertungsmöglichkeiten der Antworten dargestellt. Die vollständigen Interviews finden sich im Anhang der Arbeit.

Zur Betrachtung konkreter Vorgehensweisen und Modelle kommt es im fünften Kapitel. Die vier Richtungen, die angesprochen und auf Basis der Experteninterviews analysiert werden, sind aus Sicht der Branche mit dem größten Entwicklungspotenzial ausgestattet. Es werden in der Arbeit jedoch Erlösmodelle wie Teleshopping und Call-In-Sendungen ausgeschlossen, da diese schon als etablierte Modelle im Markt existieren und somit für die weitere Entwicklung in der konvergenzgetriebenen Branche eher uninteressant sind.

Ziel des letzten Kapitels ist es, diese Entwicklungspotenziale auszuloten und darzulegen, ob die Branche sich im Bereich Diversifikation langfristig vom Werbemarkt lösen und tragfähige Modelle an die Nutzer vermitteln kann. Auch die Rolle von Content wird in diesen Entwicklungen immer mit angesprochen, jedoch kommt es dabei eher auf die Beschaffungs- und Bereitstellungsmöglichkeiten an und weniger auf die Inhalte selbst.

Für die Literaturarbeit wurden hauptsächlich Quellen herangezogen, die in den letzten Jahren erschienen sind. Durch die insgesamt gute Literaturlage war eine Bearbeitung der Themen in dieser Arbeit auf wissenschaftlichem Niveau möglich. Gleichzeitig wurden viele medienökonomische Standardwerke in die Arbeit integriert, um dem Ganzen ein solides Fundament zu geben. Um die neuesten Strömungen in der Entwicklung der verschiedenen Erlösmodelle aufzufangen, wurde mehrfach auf aktuelle Internetquellen zurückgegriffen. Dies ermöglichte während des Entstehungsprozesses der Arbeit immer wieder, die regen Diskussionen um Video-on-Demand-Modelle und User-Generated-Content-Plattformen mit einfließen zu lassen.

2. Markt und bewährte Erlösmodelle im deutschen Fernsehen

Im Folgenden werden als Grundlagen der Untersuchung die Rahmenbedingungen in Form einer Marktabgrenzung und –analyse gelegt. Rechtliche wie wirtschaftliche Aspekte werden hier wiedergegeben, um eine angemessene Einordnung des Untersuchungsgegenstandes in die Arbeit zu gewährleisten. Die wirtschaftlichen Aspekte legen den Fokus auf die Wertschöpfung innerhalb des TV-Marktes. Hier spielt insbesondere der Begriff Content in seiner Funktion für die Fernsehbranche eine wichtige Rolle. Organisation und Vertrieb von Content werden im Einzelnen dargestellt, außerdem werden Zielgruppen von der Wertschöpfung als Konsumenten des Contents hervorgehoben. Um den späteren Kontext neuer Erlösformen zu verstehen, ist eine Ausführung der konventionellen Modelle an dieser Stelle notwendig. Die neuen Modelle, in die Erlösmodelle und –formen integriert sind, sind nicht selten durch Versatzstücke des Erprobten entstanden und somit aus ihnen abgeleitet worden. Gezielt soll schließlich nach den Folgen der Digitalisierung geforscht werden. In den Modellen in diesem Kapitel werden folglich diese Trends zunächst vernachlässigt, was auch die Verwendung von teilweise älteren Quellen erklärt.

2.1 Eingrenzung des Untersuchungsbegriffs

Der deutsche Fernsehmarkt ist durch seine duale Struktur gekennzeichnet. Neben größtenteils gebührenfinanzierten öffentlich-rechtlichen Fernsehanstalten gibt es private, werbefinanzierte Fernsehsender, die oftmals in große international aufgestellte Medienkonzerne eingegliedert sind. Seit der Ausarbeitung des Rundfunkstaatsvertrages ist diese duale Struktur verfassungsrechtlich formuliert. Durch die Entstehung der ersten privaten Fernsehsender Mitte der 1980er Jahre, die zunächst eher marginal auftraten, war jedoch der Grundstein für eine duale Fernsehlandschaft gelegt. In dieser Phase mussten die Öffentlich-Rechtlichen noch nicht um ihre Monopol-Stellung innerhalb des deutschen Fernsehmarktes bangen, in der zweiten Hälfte der 1980er Jahre kam es jedoch zum Ausbau der bis dahin begrenzten Kapazität von Sendefrequenzen. Diese Tatsache erleichterte den Markteintritt und die flächendeckende Ausstrahlung von ersten werbefinanzierten Programmen erheblich.[1] Am 1. Dezember 1987 trat dann nach

---

[1] Vgl. Karstens, E. et al. (2005), S. 19f.

zähen Verhandlungen der Rundfunkstaatsvertrag in Kraft, wodurch ein strikter Rahmen für die Koexistenz von öffentlich-rechtlichen und privaten Fernsehsendern gesetzt wurde. Neben Jugendschutz, Zulassungsfragen und Finanzierungsmodalitäten waren vor allem einerseits Werberichtlinien und andererseits die Sicherung der Meinungsvielfalt Inhalt des Vertrags.[2] Sinn dieser Ausführung soll sein, die Eckpunkte der deutschen Rundfunklandschaft zu skizzieren und die duale Struktur hervorzuheben. Da sich diese Arbeit mit Geschäftsmodellen, die durch konvergente Entwicklungen entstanden sind, beschäftigt, liegt der Schwerpunkt der Untersuchung auf einer Analyse der Erlösstrukturen im privaten Fernsehmarkt. Verständlicherweise ist in diesem Markt der Drang zu alternativen Finanzierungsmöglichkeiten ungleich höher als im öffentlich-rechtlichen Rundfunk. Dennoch ist die Tendenz zur konvergenten Verwertung von Inhalten auch bei den Öffentlich-Rechtlichen zu spüren, weshalb diese Entwicklung im Verlauf dieser Arbeit auch am Rande aufgegriffen wird, jedoch nicht in der Ausführlichkeit wie bei der Analyse des privaten Fernsehmarktes.

2.1.1 Der private Fernsehmarkt

Der private Fernsehmarkt hat sich seit der Installation der dualen Struktur in seiner Breite stark verändert. Seit Anfang 1990 haben sich mehrere große Sendergruppen entwickelt, die die größten Marktanteile im privaten Bereich auf sich vereinen. Von Beginn an bedienten die privaten Fernsehsender RTL (Radio Télévision Luxembourg) und Sat.1 die Zuschauer mit Entertainment in allen denkbaren Formen. Parallel wuchsen die Werbeeinnahmen und es wurden schon bald Milliardenumsätze erreicht. Der im Rundfunkstaatsvertrag festgeschriebene Werbeumfang ist bei den Privaten gegenüber den Öffentlich-Rechtlichen ungleich höher, was eine deutliche Aufsplitterung der zu sendenden Programmformen zur Folge hat. Die Fernsehnutzung hat in dem Zeitraum ebenfalls stark zugenommen. Der Durchschnittswert 2005 lag bei 220 Minuten pro Tag und Person. Vergleichbare Werte erreicht nur die Radionutzung mit 221 Minuten täglich.[3] Insgesamt hat das Privatfernsehen schon in den 1990er Jahren eine beträchtliche Konkurrenz zum öffentlich-rechtlichen Sendebetrieb aufgebaut und die Zerstreuung der Marktanteile im deutschen Markt stark vorangetrieben. KARSTENS ET AL. sehen den Grund dafür in der schnellen Bewältigung des Professionalitätsrückstands und der qualitativ hochwertigen Konkurrenz innerhalb des

---

[2] Vgl. Karstens, E. et al. (2005), S. 31.
[3] Vgl. o.V. (2006), Media Perspektiven – Basisdaten, S. 66.

deutschen Fernsehmarkts. Die Entwicklung lässt sich einfach auf die Zuschauer und deren Neigungen zurückführen, die wenig am einst formulierten pädagogischen Auftrag des Mediums Fernsehen interessiert sind.[4] Technisch gesehen ist diese Entwicklung auf Grund des umfangreichen Ausbaus der Satelliten- und Kabelnetze vorangetrieben worden, die eine Verbreitung des Programms auf die deutschlandweiten Zielgruppen ermöglichten.[5] Ab den Jahren 2000 jedoch bremste die Wirtschaftskrise in Deutschland das Wachstum der privaten Fernsehbetreiber und zwang diese, ihre Angebote neu zu strukturieren. Die Werbeerlöse sanken erheblich, was u.a. zum Kollaps der Kirch-Gruppe, die sich in Deutschland als Medienriese etabliert hatte, führte.[6] Mittlerweile haben zwei große Mediengruppen den deutschen Fernsehmarkt unter sich aufgeteilt. Als werberelevante Hauptzielgruppe der Privaten gelten die 14-49jährigen. Dies liegt in den Präferenzen der Werbebranche begründet, die in dieser Zielgruppe die zahlungskräftigsten Werbekunden sehen.[7]

2.1.2 Marktstruktur und Konzentration

RTL Gruppe	ProSieben Sat.1 Media AG
RTL	Sat.1
RTL2	Pro Sieben
Super RTL	Kabel 1
VOX	N24
n-tv	9Live

Beteiligungen im Ausland wurden nicht berücksichtigt.

Abb. 1: Senderfamilien
Quelle: eigene Darstellung angelehnt an Karstens et al. (2005), S. 76.

Um den Grad der publizistischen und ökonomischen Konzentration angemessen darzustellen, müssen die beiden Senderfamilien genauer betrachtet werden. Es hat sich im privaten Fernsehmarkt somit ein Duopol herausgebildet. In den jeweiligen Gruppen

---

[4] Vgl. Karstens, E. et al. (2005), S. 20f.
[5] Vgl. Wolf, M. (2006), S. 69.
[6] Vgl. ebd., S. 22f.
[7] Vgl. ebd., S. 93.

hat es aber immer wieder Bewegungen gegeben, die Besitzverhältnisse und Kontrolle beeinflusst haben. Die von der Bertelsmann AG geführte internationale RTL Group hat die Kontrolle über die deutschen Unterhaltungssender RTL, RTL2, SuperRTL, VOX und den Nachrichtensender n-tv. RTL, RTL2 und VOX sind als Vollprogramme anzusehen, SuperRTL und n-tv als Spartenprogramm.8 Als Gegenpol zur RTL Group besteht die ProSiebenSat.1 Media AG. Ihr gehören als Vollprogramme die Sender SAT.1, ProSieben, Kabel 1 sowie der interaktive Unterhaltungssender 9Live und der Nachrichtensender N24 als Spartenprogramme an. In der Übersicht wird dies in Abbildung (Abb.) 1 deutlich. Die Aufteilung der Marktanteile ist in dem Diagramm der Abb. 2 zu erkennen. Hier sind neben den Öffentlich-Rechtlichen auch zahlreiche, von den Senderfamilien unabhängige Spartenkanäle eingezeichnet.

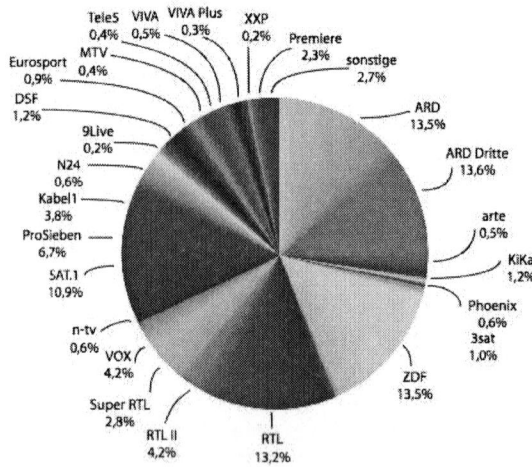

Abb. 2: Marktanteile im deutschen Zuschauermarkt
Quelle: eigene Darstellung in Anlehnung an o.V. (2007), Zuschauermarkt (Web).

Die ProSiebenSat.1 Media AG ist nach dem Zusammenbruch des Kirch-Konzerns aus der Konkursmasse hervorgegangen. Seit ihrer Gründung 2000 - die TV-Sender ProSieben und Sat.1 existierten zunächst nebeneinander - gehörte sie zu 88 % einer US-amerikanischen Investor-Gruppe um den Medienmogul Haim Saban, 12 % hielt bis dato

---

[8] Vgl. o.V. (2005), S. 28.

die deutsche Verlagsgruppe Axel Springer AG, zu der die Bild-Zeitung gehört.9 Nachdem sich der Werbemarkt und die Wirtschaft in Deutschland in den letzten Jahren langsam erholt hatten, lotete Haim Saban einen möglichen Verkauf der ProSiebenSat.1 Media AG aus. Als erster Interessent stand die Axel Springer AG bereit. Ein Deal wurde jedoch auf Grund der dadurch entstehenden Meinungsmacht im deutschen Medienmarkt durch die Kommission zur Ermittlung der Konzentration im Medienbereich (KEK) und die deutschen Kartellbehörden verhindert. Letztendlich sicherte sich nach langwierigen Verhandlungen ein internationales Investoren-Konsortium, bestehend aus den Beteiligungsgesellschaften Kohlberg Kravis Roberts & Co (KKR) aus New York und Permira aus London, den deutschen Medienkonzern. Hinzu kam das europäische Medienunternehmen SBS Broadcasting Group, das vor dem Kauf von ProSiebenSat.1 von KKR und Permira übernommen wurde.10

Insgesamt ist der Markt mittlerweile klar strukturiert und aufgeteilt. Neben einigen Regional-, Ballungsraum- und Spartenkanälen, die im Gesamtmarkt kaum ins Gewicht fallen, machen die RTL Group und die ProSiebenSat.1 Media AG die Marktanteile unter sich aus wie in Abb. 2 deutlich zu sehen. Die weiteren dominierenden Sender aus dem öffentlich-rechtlichen Bereich ist die Arbeitsgemeinschaft der öffentlich-rechtlichen Rundfunkanstalten der Bundesrepublik Deutschland (ARD) und das Zweite Deutsche Fernsehen (ZDF). Bei den Privaten besteht ein großes Synergiepotenzial unter den einzelnen Kanälen der jeweiligen Senderfamilie, außerdem erleichtert das einheitliche Management die Kontrolle.11 Karstens et al. mahnen berechtigterweise an: „Das kommerzielle Fernsehen ist damit endgültig seinen Kinderschuhen, aber auch der Kreativität und Experimentierfreudigkeit seiner Startphase entwachsen."12 Gleichzeitig sehen sie in dieser Entwicklung klare wirtschaftliche Beweggründe, da Programmentscheidungen eher zu Gunsten der zu erzielenden Rendite getroffen werden. Hier steht die Qualität schon mal hinten an.13

Neben der Marktkonzentration wird im Folgenden der Werbemarkt skizziert, welcher im deutschen Fernsehen auf Grund der oben erläuterten dualen Struktur größtenteils in der Hand der Privaten ist. Der Rundfunkstaatsvertrag schreibt vor, dass die Werbezeiten bei den Öffentlich-Rechtlichen extrem begrenzt sind. Bei den Privaten gibt es auch konsequente Werberegelungen, dennoch dürfen sie in weitaus größerem Umfang

---

[9] Vgl. ebd., S. 32.
[10] Vgl. Hamann, G. (2007).
[11] Vgl. Karstens, E. et al. (2005), S. 23.
[12] Ebd., S. 23.
[13] Vgl. ebd., S. 23.

Werbung ausstrahlen. Die Öffentlich-Rechtlich hatten in den letzten Jahren nur noch einen Anteil von unter 10 % am Netto-Fernsehmarkt. Die Werbeaufwendungen im Fernsehen werden von großen Media-Agenturen verwaltet, die sich um die Vergabe der Werbezeiten an Werbetreibende kümmern. Der Werbemarkt setzte 3.8 Mrd. Euro netto im Jahr 2004 um, was zu über 90 % den privaten Sendern zugute kam.14 Anhand des Tausendkontaktpreises (TKP) lässt sich messen, wie teuer das Erreichen von 1.000 Zuschauern mit einem 30-Sekunden Werbespot ist. Die große Diskrepanz der Preise, die am Markt vorgegeben sind, erklärt sich durch die Unterschiede der Marktanteile der verschiedenen Sender.15 Der Werbemarkt funktioniert seit Jahren nach einem strengen Schema. Tarife, die zu Beginn eines Werbejahres von einem TV-Sender angegeben werden, sind nach zahlreichen Faktoren bemessen. U.a. sind die Reichweitenprognosen für die geplanten Programme, genauso wie der TKP und die Erlösziele des Senders, von Bedeutung. Auch die Konkurrenz muss in den Plänen berücksichtigt werden. Weitere Faktoren sind Saisonalität, Fernsehnutzung, Nachfrage, Zapping und Rabatte. Die Saisonalität bezieht sich auf die Programmplanung und den damit verbundenen eventuellen Launch von neuen Formaten. Die Startphasen sind demnach oftmals günstiger als das Schalten von Werbung zu einem späteren Zeitpunkt, in der sich das Format womöglich etabliert hat. Außerdem sind jahreszeitenabhängige Sendungen in der Tarifgestaltung zu berücksichtigen. Auch erfahrungsgemäß beliebte Werbephasen von Februar bis Mai und von September bis Dezember werden entsprechend mit bevorzugten Formaten besetzt. Die Fernsehnutzung schwankt ebenfalls saisonal. Der Sommer gilt somit als ungünstige Fernsehzeit, da das Publikum hier i.d.R. Urlaub und andere Freizeitbeschäftigungen vorzieht. Dies wirkt sich auch auf den Fernsehkonsum am Tag und abends aus, so dass in der Primetime im Winter noch deutlich mehr Zuschauer gezählt werden als in der Primetime im Sommer. Im Laufe der Woche sind ebenso Schwankungen feststellbar, hier ist das Wochenende durch eine hohe Fernsehnutzung geprägt.16 Die Nachfrage als Faktor ist unumgänglich. Hier kommt die Programmplanung ebenfalls mit saisonalen Schwankungen in Berührung. Ein ähnlicher Rhythmus wie bei der Fernsehnutzung ist hier spürbar. Außerdem liegt tagsüber eine höhere Nutzung als nachts vor. Ein weiterer Faktor für den Werbezeitverkauf ist das sog. „Zapping", so wird das spontane Umschalten des Zuschauers durch die Fernbedienung bezeichnet. Ein Zapping-

---

[14] Vgl Karstens, E. et al. (2005), S. 251.
[15] Vgl. ebd., S. 250f.
[16] Vgl. ebd., S. 255f.

Abschlag ist üblich, da Zuschauer bei Werbeinseln innerhalb eines Programms häufig den Sender wechseln. Die Nutzung kann so vom Programm zur Werbeinsel um bis zu 30 % geringer sein. Der Preis wird zusätzlich dadurch bestimmt, ob eine Werbeinsel ein Programm unterbricht oder ob sie zwischen zwei Sendungen liegt. Das Zapping ist deutlich höher bei letzteren auch als „Scharnierinseln" bekannten Werbeinseln.[17] Des Weiteren werden den werbetreibenden Firmen Rabatte gewährt. Das können Mengenrabatte sein, die vom Buchungsvolumen abhängig sind. Karstens et al. sprechen auch von Auftragsrabatten, Frühbucher-Rabatten und Last-Minute-Rabatten. Berücksichtigen müssen die Sender zusätzlich die Provisionen der Media-Agenturen, die auch Agentur-Ertrag (AE) genannt werden. Die Brutto-Netto-Schere geht bisweilen sehr weit auseinander, wenn alle Rabatte und Provisionen berücksichtigt werden. Dabei ist der Hauptfaktor für die Preisentwicklung nach wie vor die Fernsehnutzung der Zuschauer. So können unterschiedliche Werbeinseln, die ein und dasselbe Programm vor und nach 23 Uhr unterbrechen, auch erhebliche Preisdifferenzen aufweisen, was in der geringeren Fernsehnutzung nach 23 Uhr begründet liegt.[18]

Ein bekanntes medienökonomisches Modell illustriert die Beziehungen zwischen Werbemarkt, Rezipientenmarkt und Inhaltemarkt und die Rolle des Mediums darin, wie in Abb. 3 erkennbar. Somit gibt es wechselseitige Beziehungen, die zur Bedürfniserfüllung der jeweiligen Märkte führen. Werbetreibende Unternehmen bezahlen für die Aufmerksamkeit, die durch gewisse Inhalte bei den Endkunden erreicht wird. Die Rezipienten ihrerseits suchen für sie interessante Inhalte. Zwangsläufig sehen sie die Werbung und kaufen die durch den Werbemarkt beworbenen Produkte. Das Medium dient also als Mittler dieser verschiedenen Bedürfnisse und sichert dadurch seine Existenz.

---

[17] Vgl. Karstens, E. et al. (2005), S. 256f.
[18] Vgl. ebd., (2005), S. 257f.

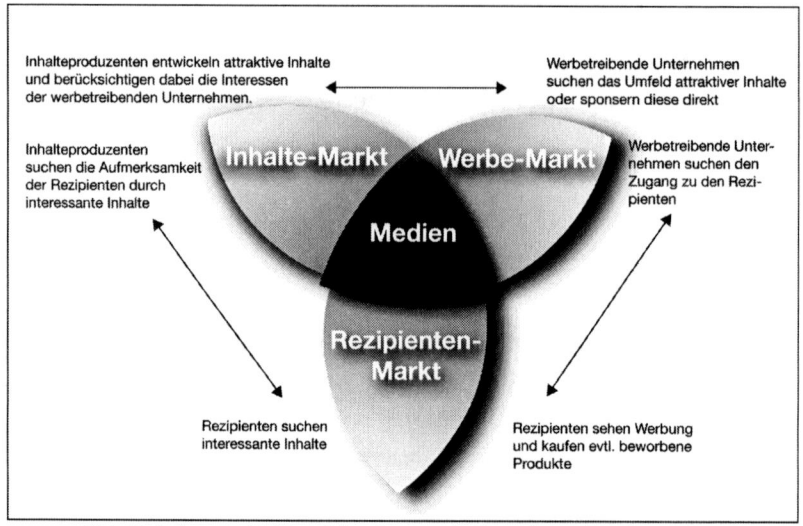

Abb. 3: Relevante Teilbereiche eines werbefinanzierten Medienmarktes
Quelle: eigene Darstellung angelehnt an Zerdick, A. et al. (2001), S. 50.

2.2 Wertschöpfung durch Marktstrategien im privaten Fernsehen

Zu Beginn dieses Abschnitts müssen die Begriffe „Geschäftsmodell", „Erlösmodell"[19] und „Erlösform" abgegrenzt werden. Der Begriff „Geschäftsmodell" kommt in erster Linie aus dem Bereich des Medienmanagement und ist dort speziell durch das Electronic Business geprägt worden. Hier wurde er in den 1990ern eingesetzt, um sich von konservativen Geschäftssystemen zu differenzieren. Eine klare Definition existierte zunächst nicht, gemeint war jedoch die Architektur von Informationssystemen. Mittlerweile haben sich mehrere Autoren mit der Definition von Geschäftsmodellen befasst, so dass dieser enge Bedeutungsrahmen längst nicht mehr aktuell ist.[20] STÄHLER sieht in einem Geschäftsmodell „einen Plan, wie ein Unternehmen auszusehen hat, um gewisse Kundenbedürfnisse zu befriedigen."[21] Weiterhin definiert er das Ertragsmodell als den Teil des Geschäftsmodells, der definiert, wie ein Unternehmen seine Erlöse generiert. Für ihn gliedert sich ein Geschäftsmodell in die sog. „Value Proposition", die

---

[19] In der Literatur werden synonym auch die Begriffe „Ertragsmodell" für „Erlösmodell" und „Ertragsform" oder „-typ" für „Erlösform" verwendet. In dieser Arbeit werden weiterhin, wenn nicht in den Quellen anders angegeben, „Erlösmodell" und „Erlösform" benutzt.
[20] Vgl. Stähler, P. (2002), S. 38f.
[21] Ebd., S. 39.

„Architektur der Leistungserstellung" und das „Ertragsmodell".[22] Die „Value Proposition" gibt an, welchen Nutzen Kunden und Wertschöpfungspartner vom Geschäftsmodell haben. Die Architektur der Leistungserstellung gewährleistet die Umsetzung des Kundennutzens. Das Ertragsmodell zeigt auf, welche Ertragstypen dem Unternehmen dienen, um Erlöse zu erwirtschaften.[23] Ähnlich, aber von den Komponenten etwas anders, definiert WIRTZ den Begriff des Geschäftsmodells: „Ein Geschäftsmodell enthält damit Aussagen darüber, durch welche Kombination von Produktionsfaktoren die Geschäftsstrategie eines Unternehmens umgesetzt werden soll und welche Funktionen den involvierten Akteuren dabei zukommen."[24] Hierbei spielt laut WIRTZ die Betriebswirtschaftslehre eine Rolle, indem Inhalte in dem Modell zusammengesetzt werden, die ein übersichtliches System bilden. Ein Geschäftsmodell enthalte somit ein „Kapitalmodell", ein „Marktmodell", ein „Beschaffungsmodell", „Leistungserstellungs-" und ein „Leistungsangebotsmodell", außerdem gibt es das „Distributionsmodell". Das Marktmodell gliedert sich in ein „Wettbewerbs-" und ein „Nachfragermodell". Das Erlösmodell ist neben dem „Finanzierungsmodell" in dem Kapitalmodell enthalten.[25] Dies wird aus Abb. 4 ersichtlich.

Abb. 4: Teilmodelle eines integrierten Geschäftsmodells
Quelle: eigene Darstellung in Anlehnung an Wirtz, B.W. (2006), S. 68.

„Im Rahmen der Fragestellung, auf welche Art und Weise Erlöse erzielt werden sollten, sind zahlreiche unterschiedliche Erlösformen denkbar. Um im Rahmen des strategischen Managements eine grundsätzliche Entscheidung über mögliche

---
[22] Vgl. Stähler, P. (2002), S. 47.
[23] Vgl. ebd., S. 42ff.
[24] Wirtz, B.W. (2001), S. 211.
[25] Vgl. ebd., (2001), S. 211.

Erlösformen treffen zu können, ist eine Systematisierung der Erlösformen hilfreich. Hierzu dient das Erlösmodell."[26] Somit ist die Funktion des Erlösmodells klar umrissen. Im Weiteren gehen die Ausführungen von WIRTZ auf die Umsetzung von Erlösmodellen im Electronic Business ein, was nur in Ansätzen auf den TV-Markt angewandt werden kann.

HASS wiederum definiert drei Dimensionen von Geschäftsmodellen. Die „Value Propositon" ist aus Sicht des Produkts die erste Dimension des Geschäftsmodells. Sie wird als „Produktarchitektur" bezeichnet, die durch das Management kundengerecht gestaltet wird. Des Weiteren gelten die Erlösquellen als zweite Dimension der Geschäftsmodelle. Diese als Erlössicht bezeichnete Dimension verhält sich ähnlich wie von WIRTZ schon dargelegt. Die dritte Ebene ist die sog. Wertschöpfungssicht. Sie verhält sich mit den üblichen Betrachtungen der Wertschöpfungsstrukturen eines Medienunternehmens konform.[27] Im Folgenden wird auf diese Strukturen eingegangen.

ZERDICK ET. AL unterscheiden bei Erlöstypen zudem staatliche und nicht-staatliche und teilt diese auf staatlicher Seite in direkt und indirekt rundfunkbezogene. Direkt rundfunkbezogene Erlöstypen sind somit Nutzergebühren u.ä. und indirekt rundfunkbezogene sind z.b. Steuern bei Anschaffung technischer Infrastruktur. Auf nicht-staatlicher Seite sehen die Autoren marktbezogene, wie Werbeerlöse und Entgelte und nicht-marktbezogene Erlöstypen, wie Spenden und Mitgliedsbeiträge.[28]

Abb. 5: typische Wertschöpfungskette eines Fernsehsenders
Quelle: eigene Darstellung angelehnt an Zerdick, A. et al. (2001), S. 68.

Die Wertschöpfung im privaten Fernsehen lässt sich sehr detailliert anhand der jeweiligen Wertschöpfungsketten nachzeichnen. Eine beispielhafte Wertschöpfungskette ist in Abb. 5 zu sehen. Hier gibt es in vertikaler Ausrichtung die Stufen Beschaffung, Produktion, Programm, Distribution und Endgeräte. Am Ende steht

---

[26] Wirtz, B.W. (2001), S. 214.
[27] Vgl. Hass, B.H. (2002), S. 94.
[28] Vgl. Zerdick, A. et al. (2001), S. 57.

der Konsument. Verschiedene Einflussfaktoren wirken auf die unterschiedlichen Stufen ein. Im privaten Fernsehmarkt befolgt das klassische Geschäftsmodell die Regeln der Gewinnmaximierung. Dieses Geschäftsmodell besteht auf der Input-Seite aus einem Kosten-, und Beschaffungsmodell und auf der Output-Seite aus einem Erlös- und Distributionsmodell. Hier muss das Geschäftsmodell eines entgeltfinanzierten Pay-TV-Senders ausgeklammert werden, da so ein Sender zwar auch vom Werbemarkt teilfinanziert ist, aber hauptsächlich von den Rezipientenmärkten Erlöse bezieht. Aus dem beispielhaften Geschäftsmodell von RTL nach WIRTZ wird klar, dass der Sender den Spagat zwischen vermittelten Inhalten und zu erzielenden Werbeerlösen im Erlösmodell erfolgreich ausführen muss. Die Werbeerlöse sind vom Interesse der Rezipienten abhängig, die sich auf Grund des ausgestrahlten Contents für ein Programm entscheiden. WIRTZ sieht hier noch die Distribution von Merchandise-Artikel, die zu den einzelnen Formaten angeboten werden, als eine weitere Erlösform des Senders an. Die dritte Form, durch die Erlöse generiert werden, ist der Handel mit Rechten und Lizenzen für Content.[29] In Kapitel 2.2.1 werden verschiedene Erlösformen vorgestellt, die den Begriff der Konvergenz noch nicht zwangsläufig verinnerlicht haben. Im klassischen Sinn werden sie auf Vor- und Nachteile geprüft und im Ganzen skizziert.

2.2.1 Erlösformen im privaten Fernsehen

Wie schon in Teil 2.2 erläutert, sind die verschiedenen Erlösformen eines Privatfernsehsenders bislang auf die Bereiche Content, Rechte & Lizenzen und Werberaum beschränkt. Hier muss man unterscheiden zwischen direkten und indirekten Erlösformen, wie dies in schon teilweise bei den Erlöstypen von ZERDICK ET AL. angeklungen ist. „Direkte Erlösformen sind dadurch gekennzeichnet, daß (sic!) zwischen Informationsanbieter und –abnehmer eine unmittelbare Transaktionsbeziehung zustande kommt."[30] Diese Transaktion fällt bei einer indirekten Erlösform weg.[31] Hier werden bspw. Erlöse durch Dritte generiert. I.d.R. sind hier Erlöse durch den Werbezeitenverkauf im privaten Rundfunk gemeint. Jedoch können auch staatliche Subventionierungen an die Sender fließen.[32]

---

[29] Vgl. Wirtz, B.W. (2006), S. 363.
[30] Hass, B.H. (2002), S. 129.
[31] Vgl. ebd., S. 133.
[32] Zerdick et al. (2001), S. 26f.

KARSTENS ET AL. sehen neben Werbezeitenverkauf zahlreiche weitere Formen, durch die ein privater TV-Sender zu Zusatzerlösen kommen kann. An erster Stelle steht das Merchandising.[33] Dies geht auch aus dem Geschäftsmodell nach WIRTZ hervor. Hier ist das Merchandising als fast ebenbürtige Komponente im Erlösmodell neben dem Werberaum im Bereich Content integriert. Dies wirkt zumindest befremdlich angesichts der Tatsache, dass die Werbefinanzierung den weitaus größten Teil des Umsatzerlöses eines Fernsehsenders ausmacht. KARSTENS ET AL. belegen am Beispiel einer Plüschmaus, die als Merchandising-Artikel zum Format „Sendung mit der Maus" produziert und verkauft wird, dass durch „Bekanntheitsgrad und Popularität von Sendungselementen oder die Kompetenz eines Programms für ein bestimmtes Themenfeld"[34] bei der Zielgruppe ein Bedürfnis geweckt wird, diesen Artikel zu erwerben. Um den Kaufimpuls optimal auszunutzen, bieten die TV-Sender die Artikel oft per Telefonbestellung an, was auch eine Verkürzung der Kaufzeit bedeutet. In diesem Fall wird ein Sendungselement als Artikel produziert und angeboten. Die Kompetenz eines Programms kann formatabhängig vermarktet werden. Beispielsweise können Urlaubsreisen angeboten werden, die auf Grundlage eines beliebten Reiseprogramms beworben werden. KARSTENS ET AL. sehen den Erfolg eines Merchandisingproduktes dann gewährleistet, wenn entweder ein Identifikationseffekt mit dem Produkt durch eine große Popularität der Sendung einsetzt oder ein Kompetenzeffekt durch ein hohes Maß an Glaubwürdigkeit der Sendung erreicht wird. Als dritter Faktor gilt der Spezialisierungseffekt, der dem Kunden beim Kauf die Erfüllung eines ganz speziellen Bedürfnisses suggeriert. I.d.R. wird das Merchandising eines TV-Senders von externen Vermarktungsagenturen betrieben. Die Sender nutzen hierbei den Kommunikationsvorteil, den sie durch die ihnen gegebenen Kanäle genießen.[35] Eine etwas veraltete, aber nicht minder erfolgreiche Erlösform ist der Teletext. Als schriftorientiertes Medium bietet der Teletext dem Nutzer den individuellen Zugriff auf aktuelle Informationen. Hier können weiterführende Informationen über die aktuellen Formate im Programm abgerufen werden sowie Nachrichten, Sportergebnisse oder Wettervorhersagen. Das Medium setzt oft da an, wo die aktuell gesendeten Formate noch Fragen offen lassen und eventuell das Nutzerinteresse besteht, Antworten zu enthalten. Trotz der graphisch eingeschränkten Möglichkeiten bietet der Teletext viel Raum für Werbeflächen. Diese können auch

---

[33] Vgl. Karstens, E. et al. (2005), S. 299.
[34] Ebd., S. 299.
[35] Vgl. ebd., S. 299ff.

teilweise mit Bewegungsfeatures animiert werden.[36] Weitere lukrative Erlösformen ergeben sich aus dem Informationsdienst, der über Telefon angeboten wird und ebenfalls meist mit dem gesendeten Format abgestimmt wird. Hier bestehen Telefontarife, die der Nutzer des Dienstes zu zahlen bereit ist, um die Informationen zu bekommen. Gewinnspiele funktionieren nach einem ähnlichen Prinzip. Auch hier kann der Nutzer über eine kostenpflichtige Hotline Gewinnfragen beantworten. Aus Sicht des Senders gilt zu beachten, dass Erlöse bei Gewinnspielen nur kostendeckend erzielt werden dürfen. Das Telefonquiz jedoch ist eine Erlösform, die in den letzten Jahren stark zugenommen hat. Als Pionier hat der Sender 9Live diese Form der sog. „Call-In-Shows" in den deutschen TV-Markt hereingebracht. Das Grundprinzip sieht vor, dass ein live ausgestrahltes Quiz durch die Zuschauer über diverse Rückkanäle gelöst werden soll. Anreiz ist i.d.R. ein Geldpreis. Häufig wird diese Erlösform als interaktives Fernsehen gesehen. KOLISCH jedoch meint am Beispiel des Call-In-Sendes 9Live: „9Live ist ja in diesem Zusammenhang nichts weiter als eine Call-In-Show."[37] Der gängigste Rückkanal ist das Telefon. Dennoch sind weitere Rückkanäle für die Zuschauerinteraktion vom Sender angedacht und inzwischen auch realisiert. Hier bieten sich E-Mail, SMS, WAP oder UMTS an.[38] Der Schwierigkeitsgrad scheint oberflächlich gesehen nicht so hoch, dennoch scheitern große Teile der Zuschauerschaft an der Mehrschichtigkeit der Quiz-Rätsel. Durch ein solches Live-Quiz wird ein hohes Telefonaufkommen erreicht. Gleichzeitig sichert eine Halbierung der Gebühreinnahmen mit der Telefongesellschaft dem Sender regelmäßig hohe Erträge, denn die Kosten der Einheiten liegen immer deutlich über den üblichen Telefongebühren.[39] Bei der Besprechung von interaktiven Formen innerhalb der spezifischen Erlösmodelle im weiteren Verlauf der Arbeit werden Call-In-Show und Teleshopping vernachlässigt. Zwar ist bei besagten Modellen durchaus ein Ansatz von Interaktivität erkennbar, dennoch bilden diese Erlösmodelle schon ganze Wirtschaftszweige innerhalb der TV-Branche. Eine zusätzliche Analyse dieser Erlösformen würde sicherlich den Rahmen der Arbeit sprengen.

---

[36] Vgl. Karstens, E. et al. (2005), S. 301f.
[37] Kolisch, A. (2007), s. Anhang, S. 87.
[38] Vgl. Hess, T. et al. (2004), S. 43.
[39] Vgl. Karstens, E. et al. (2005), S. 303.

2.2.2 Eigenschaften von Content

Der werbefinanzierte Medienmarkt besteht aus drei Komponenten: dem Inhalte-Markt, dem Werbe-Markt und dem Rezipienten-Markt, wie schon oben in Abb. 3 verdeutlicht. In diesem Kapitel sollen die Strategien der Inhaltebeschaffung genauer betrachtet werden, was folglich eine Analyse der Beziehung zwischen Inhalte-Markt und Medium einschließt. Zunächst einmal sollen aber die Grundeigenschaften für Medieninhalte herausgestellt werden.

Es ist davon auszugehen, dass Inhalte als öffentliche Güter angesehen werden können, da bei Inhalten im Medienbereich eine Nichtrivalität im Konsum zu beobachten ist, d.h. die Nutzung eines Gutes durch einen Konsumenten schließt weitere Nutzer nicht vom Konsum desselben Gutes aus, vorausgesetzt die technischen Rahmenbedingungen zum Empfang des Gutes sind gegeben.[40] KARMASIN ET AL. schwächen dieses Kriterium durch die Zeitelastizität und die entscheidende Aktualität gewisser Inhalte bspw. bei Nachrichtensendungen ab. Gewisse Inhalte erleben eine direkte Wertminderung durch das Fortschreiten der Zeit.[41] Die höchste Aufmerksamkeit der Rezipienten entsteht somit bei der Erstausstrahlung, die durch eine Zweitverwertung selten in ähnlichen Dimensionen erreicht wird.[42] KARMASIN ET AL. belegen ein öffentliches Gut zudem mit dem Kriterium der Nicht-Ausschließbarkeit vom Konsum. Konsumenten können nur unter finanziell hohem Aufwand vom Konsum der Inhalte ausgeschlossen werden.[43] Neben der Nicht-Ausschließbarkeit ist auch die Nicht-Rivalität von Konsum ein Charakteristikum von Medien und Informationsgütern. Niemand besitzt die Information oder kann diese allein für sich beanspruchen. Der Grund hierfür liegt in der technischen Distribution. Es wird nicht das ursprünglich erstellte Produkt an den Kunden verkauft, sondern nur in Kopie übertragen. Einzig die Rivalität durch das Recht, Erlöse aus dem Verkauf von Information zu generieren, hat den Ausschlag, dass bspw. Nachrichtenagenturen immer höchst aktuell arbeiten müssen, um ihre Informationen als Erste verkaufen zu können. Somit gibt es eine Einschränkung bei der festgestellten Nicht-Rivalität des Gutes Information.[44] Natürlich ist nicht Content zwangsläufig gleich Information, dennoch kann dieses Kriterium auch auf andere Inhalte von Medienunternehmen übertragen werden. Der Verkauf einer fertigen Stoffidee an einen Sender könnte hier als Beispiel dienen, denn in dem Fall erzielt der Autor einen Erlös

---

[40] Vgl. Zerdick, A. et al. (2001), S. 48.
[41] Vgl. Karmasin, M. et al. (2000), S. 33.
[42] Vgl. Wirtz, B.W. (2006), S. 92.
[43] Vgl. Karmasin, M. et al. (2000), S. 32.
[44] Vgl. Hass, B.H. (2002), S. 43.

durch die Neuartigkeit der Idee, wobei der Sender diese in eine Produktion umsetzt und die Zuschauer an der Information teilhaben lässt. Dennoch sehen die Autoren Medien als „quasi-öffentliches Gut", da auch Charakteristika eines privaten Gutes auf Medien und Medieninhalte zutreffen, wie z.B. die Möglichkeit der Unternehmen, Nutzer vom Konsum auszuschließen.[45] Die geringen Kosten der Distribution sind der Mehrfachverwertung von Inhalten sehr zuträglich. ZERDICK ET AL. sehen in den Inhalten den Hauptgrund für die Nutzung eines bestimmten Medienprodukts. Dies ist gleichermaßen für den ganzen Medien- und Kommunikations-Sektor zu betrachten.[46] Anzumerken ist, dass die Bezeichnung „Content" oft im übergeordneten Sinn als TV-Inhalt verwendet wird. Eine explizitere Definition liefert PAGEL, indem er den Begriff „Content" differenziert und die Begriffe „Assets" und „Essence" ins Spiel bringt. „Die zugrunde liegende Bezeichnung *Essence* beschreibt das eigentliche Bild- und Tonmaterial sowie textliche Inhalte als Ergebnis des kreativen Prozesses. Unter *Content* versteht man in diesem Sinne die um die Metadaten, also die beschreibenden Informationen, ergänzte Essence."[47] Ein Asset ist ein Gegenstand des Programmvermögens, der aus einem Content und den entsprechenden Rechten, die beim Unternehmen liegen, entsteht.[48]

WIRTZ erkennt im TV-Management zudem sog. „Core Assets". So werden im TV-Management diverse Werte bezeichnet, die erst durch im TV-Unternehmen verankerte Kernkompetenzen nutzbar gemacht werden können. Beispiele für Core Assets sind Mitarbeiter, Marke, Netzwerke und Reichweite des Unternehmens.[49]

2.2.3 Content-Beschaffungsstrategien

Das Beschaffungsmanagement steuert die interne Produktion von Inhalten als Eigenproduktionen sowie die externe Beschaffung von Inhalten im Sinne des Outsourcing.[50] Abgesehen von einer Integration der Beschaffungsquellen in die eigene Wertschöpfungsstruktur charakterisieren die Begriffe der Eigen- und Fremd- bzw. Auftragsproduktion die Entscheidung zwischen, wie HEINRICH sagt, „Make or Buy"[51]. Es geht also um die Frage, ob Content eigenständig produziert oder eingekauft werden

---

[45] Vgl. Karmasin, M. et al. (2000), S. 36.
[46] Vgl. Zerdick, A. et al. (2001), S. 48.
[47] Pagel, S. (2003), S. 18.
[48] Vgl. ebd., S. 18.
[49] Vgl. Wirtz, B.W. (2006), S. 356f.
[50] Vgl. Heinrich, J. (1999), S. 154ff
[51] Ebd., S. 154.

soll. Auswirkungen des Outsourcing auf die Wertschöpfungskette des TV-Senders sind in 2.2.4 aufgeführt. „Make, die Eigenproduktion, meint die unternehmensinterne Produktion; Buy, die Fremdproduktion meint den Bezug der Produktion vom Markt, von externen Lieferanten."[52] Nichtsdestominder ist die Inhaltebeschaffung von Medienunternehmen im Allgemeinen abhängig von verschiedenen entscheidenden Einflussfaktoren. Kosten, Erlöserwartungen, Vertragsbedingungen, Wettbewerber und staatliche Vorgaben bilden den Rahmen, in dem sich ein Medienunternehmen um die Beschaffung seines Contents kümmert.[53] Den betriebswirtschaftlich wichtigsten Faktor bilden die Kosten. WIRTZ unterscheidet hier zwischen Preis des Inhaltes und Kosten für Transaktionen.[54] Transaktionskosten gliedern sich in Informations-, Vereinbarungs-, Kontroll- und Anpassungskosten.[55] Dem gegenüber stehen die Erlöserwartungen des Unternehmens. Hier liegen die Vorgaben immer im Ermessen der Entscheidungsträger. Subjektivität und Erfahrung spielen dabei eine große Rolle, da die Präferenzen der Nutzer schwer vorauszusagen sind. Generell ist der Preis eines TV-Inhaltes von der Attraktivität des Inhaltes abhängig. Diese lässt sich für die verschiedenen Gattungen und Genres unterschiedlich gut voraussagen. Sport-Inhalte haben erfahrungsgemäß eine hohe Attraktivität, was aber auch jeweils abhängig von dem Rahmen des Ereignisses ist, in dem dieser Inhalt entsteht. Amerikanische Spielfilme sind für die Erstverwertung erfahrungsgemäß sehr teuer, WIRTZ spricht sogar von einem kontinuierlichen jährlichen Preisanstieg von 20 %.[56] Eine Strategie, die speziell mit dem Faktor Kosten zusammenhängt, ist die Kostenführerstrategie. Kostenführer ist somit „die TV-Station mit den geringsten Kosten je Prozentpunkt Marktanteil".[57] Dies impliziert, dass möglichst hohe Marktanteile durch günstig produzierte Formate erreicht werden müssen. Natürlich gilt dies auch für die Beschaffung von Inhalten.[58] Die Vertragsbedingungen regeln die Veröffentlichung und die Aktualität der Inhalte, da durch die in Kapitel 2.2.2 erwähnte Nicht-Rivalität im Konsum eine Mehrfachverwertung und ein Verkauf an mehrere Nachfrager möglich sind. Einschränkungen gibt es beim Erwerb der Inhalte als Eigentum. Oft werden nur die Verwertungsrechte veräußert. Auch werden in der Regel Komplettrechte, Package- und Output-Deals vereinbart. Komplettrechte sehen vor, dass ein Inhalt über mehrere Stufen

---

[52] Heinrich, J. (1999), S. 155.
[53] Vgl. Wirtz, B.W. (2006), S. 90.
[54] Vgl. ebd., S. 371.
[55] Vgl. Heinrich, J. (1999), S. 158.
[56] Vgl. Wirtz, B.W. (2006), S. 371.
[57] Karstens, E. et al. (2005), S. 103.
[58] Vgl. ebd., S. 103.

verwertet werden kann, Package-Deals beinhalten mehrere qualitativ unterschiedliche Inhalte, und Outputdeals beinhalten neben dem Package-Element auch Elemente vom Presales-Deal, der dem Käufer Rechte an einem noch zu produzierenden Inhalt garantiert. Presales-Deals werden auch häufig für einzelne Produktionen abgeschlossen.[59]

Die Wettbewerber haben im Medienbereich einen starken Einfluss auf den zu beschaffenden Content. Durch die intensive und stetig zunehmende Konkurrenzsituation ist die Exklusivität von Content, die sich auch in den komplexen Vertragsformen widerspiegelt, ein hohes Gut. Somit gehört die ständige Konkurrenzanalyse zu den wichtigen Aufgaben des Beschaffungsmanagements. Im Fernsehmarkt sind die staatlichen Vorgaben, wie in den vorherigen Kapiteln vereinzelt erläutert, ein bedeutender Einflussfaktor auf die im Markt befindlichen Unternehmen. Diese Vorgaben greifen gleichermaßen in den Inhalte-Beschaffungsmarkt ein. Besonders im hier vernachlässigten öffentlich-rechtlichen Fernsehen spielen die staatlichen Vorgaben eine große Rolle. Aber auch bei den Privaten ist der Einfluss durch den Staat spürbar. Hier wird bspw. die Programmzusammensetzung teilweise gesetzlich beeinflusst.[60] Auch das Recht auf Kurzberichterstattung ist gesetzlich geregelt. Somit muss der Inhaber der Übertragungsrechte für ein Ereignis öffentlichen Interesses anderen Medienvertretern den Zugang zum Ereignis gewähren. Unentgeltliche Bereitstellung von eigenem Sendematerial an konkurrierende Medien ist aber nicht gemeint. Die Produktion muss von den jeweiligen Medienvertretern selbst übernommen werden. Das Rundfunkrecht sieht die Produktion von Beiträgen vor, die die Länge von eineinhalb Minuten nicht überschreiten sollen.[61]

2.2.4 Content-Erstellung und Produktion

Im vorausgegangenen Kapitel wurden Möglichkeiten der Content-Beschaffung dargelegt. Der Fokus lag aber klar auf der externen Beschaffung. Im Folgenden sollen die Möglichkeiten der eigenständigen, internen Content-Erstellung und Produktion erläutert werden.

Im Produktionsmanagement haben sich auch hier diverse Strategien durchgesetzt, die von den Sendern in unterschiedlichen Ausprägungen betrieben werden. Angesichts der

---

[59] Vgl. Wirtz, B.W. (2006), S. 91ff.
[60] Vgl. ebd., S. 93.
[61] Vgl. ebd., S. 375; Branahl, U. (2006), S. 36.

Interdependenzen der Teilbereiche im Medienmarkt, wie sie in Kapitel 2.1.2 anhand der Dreiecksbeziehung dargestellt wurden, erscheint eine Verteilung der Programmbeschaffung auf mehrere Quellen sinnvoll. So vermeidet der Sender eine zu deutliche Abhängigkeit durch eine Beschaffungsquelle. Heutzutage wird eine Strategie zur Sicherung der Bezugsquellen besonders häufig genutzt. Es handelt sich um die vertikale Integration von Wertschöpfungsstufen in der eigenen Wertschöpfungskette, wie sie ebenfalls in Kapitel 2.2 erläutert wurde. Dies wird gewöhnlich durch den Zukauf oder die Etablierung eigener Unternehmen auf vor- oder nachgelagerten Wertschöpfungsstufen durchgeführt. Bspw. kann dies auf einer vorgelagerten Stufe eine sendereigene Produktionsfirma sein, die benötigte Inhalte für ein Format herstellt oder konzeptioniert, welches vorher mit zugekauften Inhalten versorgt worden ist. Nachgelagert könnte eine vertikale Integration bedeuten, dass die technische Distribution, die bislang ein externer Anbieter durchgeführt hat, im eigenen Haus umgesetzt wird. Allerdings ist dies schon jetzt in den meisten TV-Sendern der Fall. Bei kleinen Regional- und Ballungsraumsendern könnte eine Externalisierung der Distribution realistisch sein. Bei den anderen Erlösformen von TV-Sendern, wie z.B. beim Merchandisingvertrieb oder bei Call-In-Diensten scheint eine Auslagerung der Umsetzung auch bei größeren TV-Stationen realistisch. Jedoch könnten durch Anteilsankäufe wiederum vertikale Integrationen vorgenommen werden.

Weiterhin nennt WIRTZ Einflussfaktoren, die sich im Allgemeinen auf das Produktionsmanagement eines TV-Senders auswirken. Der Produktionsprozess, die Ressourcen, die Produktionskosten und die Qualität der Produktion sind die zu beachtenden Punkte für das Produktionsmanagement. Der Produktionsprozess berücksichtigt alle Meilensteine einer Produktion von der Konzeption der Stoffidee bis zur Postproduktion und Sendeabwicklung.[62] Hier gibt es Besonderheiten bei der TV-Produktion, da Produktion und Distribution bspw. bei Live-Events zeitgleich stattfinden. In diesem Fall läuft die Postproduktion des Inhaltes während der Sendung ab.

Die Ressourcen der technischen Infrastruktur im materiellen Sinne sowie im personellen Bereich als immaterielle Ressourcen ist der nächste Faktor in der Inhalte-Erstellung, den es zu beachten gilt. Im immateriellen, personellen Bereich lägen die größeren Probleme, da sie nicht in dem Maße zur Verfügung stünden, wie vom Markt benötigt. Die Produktionsinfrastruktur sei in Deutschland umso umfassender

---

[62] Vgl. Mürl, S. (2005), S. 171ff.

vorhanden.[63] Die Produktionskosten gliedern sich in Urheber-, Personal- und Sachkosten. Diese Kosten fallen teilweise schon vor Drehbeginn an, da für die Formate und Produktionen Drehbücher und Konzepte erstellt werden müssen, auch der kreative Gestaltungsprozess setzt lange vor dem Dreh ein.[64] Die Qualität der Produktion ist maßgebend für den Quotenerfolg. Diese lässt sich bei eingekauften Produktionen schon im Vorfeld, wenn nicht am Markt, dann zumindest subjektiv, bewerten. Diese Möglichkeit der Qualitätsbewertung fällt bei Eigenproduktionen grundsätzlich weg. Hier kann man nur aus Erfahrungswerten ableiten und bewährte Methoden und Ressourcen nutzen. WIRTZ sieht außerdem in diesem Fall geplante Kosten in einer Beziehung mit der geplanten Qualität der Produktion.[65]

Auch für die Produktion von Inhalten gibt es unterschiedliche Strategien. Wie oben bereits dargestellt, wird zwischen Eigen- und Auftragsproduktionen unterschieden. Dazwischen liegt die Koproduktion. Für die Eigenproduktion gilt, dass der komplette Produktionsprozess durch den Sender ausgeführt wird. Hierzu müssen, wie oben beschrieben, umfassende Infrastrukturen existieren. Für eine Auftragsproduktion werden alle Teilprozesse externalisiert. Hier hat der Sender während des Produktionsprozesses keinen oder nur geringen Einfluss. Die Koproduktion kann mit verschieden gewichteten Anteilen des Senders durchgeführt werden. Aber i.d.R. spricht man schon bei einer finanziellen Beteiligung verschiedener Investoren von einer Koproduktion.

2.2.5 Organisation von Workflows zur Content-Beschaffung und -Aufbereitung

„Inhalte aber sind nicht einfach gegeben. Sie entstehen auch keineswegs eher zufällig und unkoordiniert, sondern werden in und mit Organisationen generiert und perfektioniert."[66] Diese Behauptung verdeutlicht, was als Prämisse für erfolgreiches Fernsehen gilt. Die Inhalte locken die Zuschauer vor die Geräte und diese Inhalte zu erschaffen, bedeutet einen Kraftakt auf vielen Ebenen des TV-Managements. Diese Ebenen, auf denen Content erstellt wird, und die Bahnen, durch die er geleitet wird, sollen hier intensiver betrachtet werden. Das Thema des Content-Management soll auch angesprochen werden, da es besonders durch die Digitalisierung von Fernsehen eine

---

[63] Vgl. Wirtz, B.W. (2006), S. 379.
[64] Vgl. ebd., S. 380; Mürl, S. (2005), S.171ff.
[65] Vgl. Wirtz, B.W. (2006), S. 380.
[66] Windeler, A. et al. (2004), S. 1.

ganz neue Bedeutung erlangt hat. In diesem Kapitel sollen die aktuelle Diskussion nachgezeichnet und der Anschluss an die Digitalisierung und Konvergenzentwicklung gegeben werden.

Content-Management bedeutet im allgemeinen Sprachgebrauch sicherlich den „Aufbau sowie die Nutzung zum Beispiel digitaler Archivsysteme bei Fernsehsendern oder internetspezifischer Redaktionssysteme zur Erstellung von Webseiten".[67] Eine spezifischere Definition würde den Begriff von Broadcast Content Management, welches das Archivsystem i.e.S. bezeichnet, in Content Management und Asset Management differenzieren. Dementsprechend impliziert das Asset Management, dass hier nicht nur die Inhalte, sondern auch deren Rechte verwaltet werden.[68] Die ökonomische Definition von Content Management beinhaltet die Funktion der Mehrfachverwertung von Inhalten, was für große private Senderfamilien, die durch ihr Senderprofil in mehreren Märkten breit aufgestellt sind, lohnenswert ist. Für eine Mehrfachverwertung sollten diese Märkte nach Zeit sowie Region und Reichweite abgegrenzt sein, außerdem muss eine Arbitrage[69] zwischen diesen Märkten unmöglich sein. Die Zeit der Ausstrahlung spielt für die Erst-, Zweit-, und Drittverwertung eine wichtige Rolle, die Region und Reichweite für die jeweilige Nachfrage.[70]

Eine wichtige Entwicklung in der Content-Produktion mit produktionstechnischem Hintergrund ist sicherlich die Beauftragung von sog. TV-Full-Service-Providern. Diesen obliegt während einer Produktion die komplette Koordination und eventuelle Auslagerung von Teilprozessen an weitere Dienstleister. In welcher Zusammenstellung der Produktionsprozess von ihnen durchgeführt wird, liegt i.d.R. nach der Auftragserteilung nicht mehr im Ermessen des TV-Senders. Ihm kommt während der Produktion nur die Rolle des Kunden zu. Er trifft nach Ausarbeitung der Idee durch den Provider nur die Auswahl und erteilt den Auftrag. Letztendlich nimmt er die fertige Produktion ab und strahlt das Programm aus. Der Provider kann, wie oben schon erwähnt, die Teilprozesse nach Belieben auslagern. Er dient dann als Organisator und Supervisor für die entstehende Produktion. Die Vorteile einer solchen Auftragsproduktion liegen in den betriebswirtschaftlich sinnvollen Effekten der eventuellen Spezialisierung der Anbieter auf bestimmte inhaltliche Vorgaben sowie der Economies of Scale, durch die die ausführenden Produktionsunternehmen freiliegende

---

[67] Windeler, A. et al. (2004), S. 9; vgl. Pagel, S. (2003), S. 59.
[68] Vgl. Pagel, S. (2003), S. 59f.
[69] Die Arbitrage bezeichnet „ein gewinnbringendes Ausnutzen von Preisdifferenzen" (Heinrich, J. (1999), S. 123).
[70] Vgl. Heinrich, J. (1999), S. 123.

Kapazitäten nutzen und den Effekt der Fixkostendegression erreichen können.[71] Die Systematik der Ausgliederung von Produktionsprozessen, wie eben beschrieben, ist in Abb. 6 dargestellt. Zwar büßt der Sender durch derartige Vorgehensweisen ein Stück weit seine Unabhängigkeit ein, dennoch entstehen neue Marken im Sinne von TV-Formaten vielfach durch Zuhilfenahme fremden kreativen Potenzials. Oft hat dies zur Freude der Programmmanager zu Folge, dass man sich durch positive Erfahrungen auf die Beauftragten als Programmhersteller stützen kann. Das Gegenteil ist aber auch denkbar.

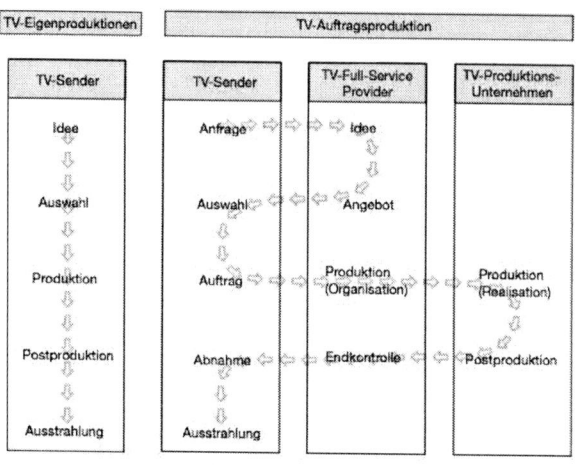

Abb. 6: Eigenproduktion und Auftragsproduktion von TV-Beiträgen
Quelle: eigene Darstellung angelehnt an Wirtz, B.W. (2006), S. 382.

2.2.5.1 Organisation in Projektnetzwerken

Eine neue Form der Content-Produktion ist die Organisation der Prozesse in Projektnetzwerken. Dieser Ansatz ist in den letzten Jahren ob seiner Realisation und den Folgen diskutiert worden. Ein Projektnetzwerk gilt in der Praxis als „Organisationsform ökonomischer Aktivitäten zwischen rechtlich selbstständigen, wirtschaftlich mehr oder weniger abhängigen Unternehmungen zur Abwicklung zeitlich befristeter Aufgaben."[72]

---
[71] Vgl. Wirtz, B.W. (2006), S. 382f.
[72] Sydow, J. et al. (2004), S. 41.

Somit wird von einem temporären System ausgegangen. Zum System gehören alle Komponenten einer erfolgreichen Fernsehproduktion. Neben Regisseur, Autor und Schauspieler sind auch alle anderen unterstützenden Tätigkeiten gemeint. Der Produzent und der Sender als Kunde nehmen innerhalb des Netzwerkes eine Sonderfunktion ein. Dabei fällt dem Produzenten die Organisation des Netzwerkes anheim. Er muss etwaige Dependenzen unter den verschiedenen Tätigkeitsbereichen berücksichtigen und untereinander abstimmen. Dies berücksichtigt mitunter die persönlichen Beziehungen zwischen bspw. Regisseur und Kameramann, kann aber auch rein technischer Natur sein. Vorlieben der Sender müssen mit dem Projekt vereinbart werden, d.h., dass die Sender oft auf erfahrungsgemäß Erfolg versprechende Autoren zurückgreifen. Das von SYDOW ET AL. entwickelte Schema ist in der Form sicherlich selten in der Praxis wiederzufinden. Die unterschiedlichen Gruppen arbeiten je nach Art der Produktion unterschiedlich eng zusammen. Auch bei der Finanzierung gibt es Unterschiede speziell zwischen Kino- und Fernsehproduktionen.[73] Bei Letzteren dienen die Sender meist als Hauptfinanziers, es hängt aber so gut wie immer von der Größe der Produktionen ab. Z.B. dienten bei TV-Mehrteilerproduktionen in den letzten Jahren oftmals Filmfinanzierungsfonds der wirtschaftlichen Absicherung. Außerdem tragen die Filmförderungen meist etwa zu einem Drittel zur Finanzierung bei. Die Ausstrahlungsrechte liegen i.d.R. beim Sender. Für die Auslandsvermarktung dienen häufig Weltvertriebe, die den Content an europäische und manchmal amerikanische TV-Sender verkaufen. Dies ist jedoch auch senderabhängig. So vertreibt die ProSiebenSat.1 Media AG ihre Produktionen meistens in Eigenregie auf dem Weltmarkt.

Dennoch unterscheiden sich Projektnetzwerke in den Koordinationsstrukturen deutlich von konventionellen Filmproduktionen. Auch formelle Regeln und Planungsmechanismen fehlen häufig. Hier liegen die Gründe eher in einer vertrauensbezogenen Beziehung der Projektteile untereinander, aber auch in latenten Machtstrukturen sowie gemeinsamen Interessen und Qualitätsmaßstäben.[74] Derartige Projektnetzwerke resultieren zum Großteil aus der Tendenz der Sender, Produktionen zu externalisieren. Dies wird in der Literatur als Wandel des Senders vom „Producer" zum „Publisher Broadcasting" bezeichnet. Dafür macht der Autor auch die Einführung des privaten Fernsehens im Allgemeinen und den Umbruch des deutschen Fernsehmarktes im Speziellen verantwortlich. Dabei spielen staatliche Regularien

---

[73] Vgl. Sydow, J. et al. (2004), S. 42.
[74] Vgl. ebd., S. 44.

genauso eine Rolle wie die weitestgehende Öffnung des deutschen Fernsehmarktes für ausländische Player.[75]

Die Hauptgründe des Umbruchs in dem Vorgehen der Sender bezüglich Produktionen sieht WINDELER in der Industrie: „Gefordert ist ein ganz neues Set von Praktiken."[76] Gemeint sind lediglich die Auswahl der Beteiligten sowie Ressourcenmanagement und Zusammenspiel dieser, immer ausgehend von dem Schritt des Senders, die Produktion auszulagern.[77] Gründe für eine solche Entwicklung sind i.d.R. die Stärkung des Senderprofils. Hier kann aber nicht nur vom privaten Fernsehen ausgegangen werden. Da die Öffentlich-Rechtlichen mittlerweile auch einen Teil ihrer Einnahmen durch Werbezeitenverkauf und Rechtehandel erwirtschaften müssen, sehen sie sich allein deshalb gezwungen ein attraktives zuschauerwirksames Programm anzubieten. Darüber hinaus stehen sie in der Pflicht, für die Rundfunkgebühren, die jeder TV-Nutzer zahlt, ein ausgewogenes Programm zu präsentieren. Um aber noch einmal die Frage nach einer Neustrukturierung der Produktionsorganisation zu beantworten, kann man für die Öffentlich-Rechtlichen wie Privaten sagen, dass sie in den letzten Jahren umfangreiche Produktionsfirmennetzwerke aufgebaut haben, die auf für den Sender angepasste Content-Produktionen spezialisiert sind.

Das Internet bekommt im Fernsehen nicht nur durch die Interaktionsansätze eine immer größer werdende Bedeutung. Für die sendereigene Selbstdarstellung ist eine Übertragung von Content auf die Website immer wichtiger. Hier lassen sich freilich die Folgen der Konvergenz erkennen, auch wenn eine komplette Übertragung und Bereitstellung von Content eher selten vorgenommen wird. Eine Ausnahme bildet das ZDF: „Gerade das ZDF soll ja bis zur IFA (*Internationale Funkausstellung, Anm. d. Verf.*) als digitales Abruffernsehen fungieren, wo man über die Hälfte der ZDF-Programminhalte noch eine Woche im Nachhinein abrufen kann. Viele Angebote werden dann auch länger zur Verfügung stehen."[78] Nichtsdestoweniger bestehen diese Tendenzen schon länger. Auch hier findet in Ansätzen eine Externalisierung des Content statt. Nur muss dabei die Exklusivität besonders hoch sein, um Zuschauer auch längerfristig mit den Angeboten zufrieden zu stellen.[79] Die Content-Verbreitung über Internet ist auch deshalb so wichtig, da sie die Konvergenzentwicklung mit ihren Komponenten Internet Protocol Television (IPTV) und Triple Play antreibt und auch die

---

[75] Vgl. Windeler, A. (2004), S. 61ff.; vgl. auch Kapitel 2.
[76] Ebd., S. 63.
[77] Vgl. ebd., S. 63.
[78] Wengenroth, K. (2007), s. Anhang, S. 92.
[79] Vgl. Lutz, A. (2004), S. 157.

Diversifikation innerhalb der TV-Konzerne fördert. LUTZ sah hier zunächst ebenfalls die Anwendung von Projektnetzwerken gewährleistet, nur ist eine Gründung von Joint-Ventures für die Senderfamilien meist lukrativer und einfacher zu bewerkstelligen als alle Prozesse auszulagern, somit wäre eher die hierarchische konventionelle Produktionsmethode angewandt.[80] Es bleibt die Frage bestehen, ob hierarchische Strukturen den Weg zum interaktiven konvergenzgetriebenen Fernsehmodell erleichtern oder ob hier eher Projektnetzwerke dem Aufbau von digitalen Modellen entgegen kommen.

Letztendlich lässt sich festhalten, dass es nach wie vor noch keine Konvergenz dieser Organisationsformen gegeben hat. Wie WINDELER ET AL. zunächst konstatieren, tendieren die TV-Sender eher dazu, die möglichen Produktionsmethoden zu vervielfachen. „Das gilt unseres Erachtens auch für den Fall, dass es gelingt, Content gegen direktes Entgelt [...] anzubieten und die sich gerade durchsetzende Breitbandtechnologie für ein so genannte (sic!) Rich Media zu nutzen."[81] Es werden ein steigender Bedarf an Inhalten und ein Reflex der Internetökonomie prognostiziert, was die Vorgänge vor etwa fünfzehn Jahren bei der Einführung des privaten Fernsehens widerspiegelt.

Grundsätzlich sehen die Autoren also schon eine Verlagerung der Praktiken hin zu netzwerkartigen Strukturen und Organisationsformen.[82] Welchen Einfluss diese Art der Organisation auf die Geschäfts- und Erlösstrukturen der Sender haben wird, insbesondere auf solche Erlösmodelle, die gerade neu erprobt werden, wird sich zeigen. Mit Sicherheit lässt sich hier noch nicht sagen, wie die Workflows organisiert sind. Ob Projektnetzwerke als Referenzmodelle angesehen werden, ist eine interessante Frage. Wahrscheinlich ist eine derart theoretische Herangehensweise in der Praxis aber sowieso nicht der Fall.

2.2.5.2 Vertrieb von TV-Medieninhalten

An dieser Stelle sollen kurz die grundsätzlichen distributionspolitischen Ausrichtungen der TV-Sender erläutert werden. Hier wird wieder von der Dreiecksbeziehung zwischen dem Rezipienten-, dem Inhalte- und dem Werbemarkt ausgegangen.[83] Folglich wird

---

[80] Vgl. Lutz, A. (2004), S. 158.
[81] Windeler, A. et al. (2004), S. 3.
[82] Vgl. ebd., S. 3.
[83] Vgl. Kapitel 2.1.2.

auch hier zwischen dem Rezipientenmarkt und dem Werbemarkt unterschieden. Der Inhaltemarkt spielt eher bei der Beschaffungspolitik der Sender eine zentrale Rolle. Die Verbreitung von Programmen findet wie in Kapitel 2.1.2 erläutert über terrestrische Antennennetze, Kabelnetze und Satellit statt. Da hier eine stark regulative Kontrolle durch die Landesmedienanstalten ausgeübt wird, ist die Einflussnahme durch den Sender auf die konventionellen Vertriebswege begrenzt.[84]

Der Sender kann durch die vorhandenen Kapazitäten der Distribution in eigenem Ermessen bestimmen, welche ihm beim Erreichen seiner Zielgruppe am sinnvollsten erscheint. Diese Distribution wird als indirekt bezeichnet und bezieht sich ausschließlich auf den Rezipientenmarkt. Die privaten TV-Sender nutzen hauptsächlich die Verbreitung über Satellit und Kabel, da hier größere Zielgruppen erreicht werden können. Die Öffentlich-Rechtlichen sind auch in diesen Vertriebskanälen vertreten, gehen aber durch den Rundfunkstaatsvertrag die Verpflichtung ein, auch über weniger frequentierten terrestrischen Distributionswege auszustrahlen. Das Grundprinzip der direkten und indirekten Vertriebsformen verhält sich analog zur unter Punkt 2.2.1 erläuterten Systematik der direkten und indirekten Erlösformen, der direkte elektronische Vertrieb von digitalen Medieninhalten in der Branche auch als Paid Content bezeichnet.

Die auf den Werbemarkt ausgerichtete Distributionspolitik regelt den Werbezeitenverkauf der TV-Sender. Hier sind naturgemäß die Privaten an erster Stelle zu nennen. Obwohl die Werbeerlöse nur einen geringen Teil des Umsatzes der Öffentlich-Rechtlichen ausmachen, unterscheidet sich die Vorgehensweise im Verkauf der Werbezeiten kaum von der der Privaten. Oft sendereigene Agenturen kümmern sich um den Kontakt zu den Kunden und den Vertrieb und Verkauf der Werbezeiten. Die ProSiebenSat.1 Media AG nutzt zu diesem Zweck die Tochter SevenOne Intermedia, die RTL Group die Tochter IP Deutschland.[85]

2.2.5.3 Cross-Media-Management als Alternative und Ausweg

Ein Begriff, der vor allem in der Content-Verwertung und Erschließung neuer Kundengruppen eine Alternative bietet, ist das sog. Cross-Media Management. Mit ihm geht die moderne Mehrfachverwertung von Content einher. Wie der Name vermuten lässt, handelt es sich um die Verteilung und Verwertung von Medieninhalten in

---

[84] Neue digitale teils direkte Distributionskanäle werden unter Punkt 3.1 behandelt.
[85] Vgl. Wirtz, B.W. (2006), S. 397f.; Heinrich, J. (1999), S. 76ff.

Medienbereichen, die zunächst nicht dem ursprünglichen Markt der produzierten Inhalte entsprechen. Es wird sich im Folgenden zeigen, dass vor allem große Senderfamilien und Medienkonzerne gewaltige Vorteile haben, diese Strategien gewinnbringend einzusetzen. Die Strategie basiert auf dem Prinzip der Diversifikation, also der Erschließung neuer Geschäftsfelder.

Das Cross-Media Management wird über verschiedene Varianten der zugehörigen Strategie im Markt verankert. Hierbei sind Cross-Media Strategien bestimmte Varianten von Diversifikationsstrategien von Medienunternehmen. Die nachfolgenden Schilderungen sind in Abb. 7 illustriert.

Abb. 7: Systematisierung von Diversifikationsstrategien von Medienunternehmen
Quelle: eigene Darstellung angelehnt an Sjurts I. (2002), S. 6.

Als Ausgangspunkt dieser Diversifikationsstrategie wird der „*Verwandtschaftsgrad* von Ressourcen, Technologie und Risiko von Ausgangs- und Zielbranche"[86] definiert. Diversifikationen, die in der eigenen Wertschöpfungskette integriert sind, werden als „Related", also als verwandt, bezeichnet. Branchen, die nicht in der unternehmenseigenen Wertschöpfungskette integriert sind, heißen folglich „Unrelated", also unverwandte Branchen. Dies bedeutet nicht, dass eine unverwandte Branche

---

[86] Sjurts, I. (2002), S. 5.

zwangsläufig eine Branche außerhalb der Medien sein muss. Die Printbranche bspw. steht der Fernsehbranche in einem unverwandten Verhältnis gegenüber. Weiterhin werden die Diversifikationen nach der Bestimmung des Verwandtschaftsgrads auf ihre Ausgangs- und Zielbranche geprüft. Hier ist die Position innerhalb der eigenen Wertschöpfungskette entscheidend. Es gelten die Grundlagen der Medienwirtschaft, die besagen, dass eine Diversifikation auf derselben Stufe eine horizontale ist und eine Diversifikation auf einer vor- oder nachgelagerten Stufe als vertikal bezeichnet wird. Die Zusätze „Vor-" bzw. „Rückwärts" gelten entsprechend der Richtung in der Wertschöpfungskette.[87] Auf der Grundlage der Bestimmung des Verwandtschaftsgrads der eben genannten Faktoren können nun die Cross-Media Strategien definiert werden. Die Eingrenzung der Kriterien führt zu einer Bestimmung von drei verschiedenen Diversifikationsstrategievarianten: die Intramediäre, die Intermediären und die Extramediäre. Nur die intermediären Strategien gelten auch als Cross-Media Strategien. Die intramediäre Strategie bezieht sich auf die Aktivität in der gleichen Medienteilbranche, unterliegt also dem Kriterium „Related", Die extramediäre Strategie ist in anderen Branchen angesiedelt, gilt als „unrelated" und kann demnach nicht als Cross-Media Strategie angesehen werden. Die intermediäre Diversifikation kann in drei verschiedenen Formen auftreten. Dem Kriterium „Related" ist die Cross-Media Strategie in einer verwandten Medienteilbranche untergeordnet. Dem Kriterium „Unrelated" sind die Cross-Media Strategien in unverwandte und in völlig neue Medienteilbranchen untergliedert. Folglich ist die Strategie, mit der die neuen Medienteilbranchen erschlossen werden sollen, konvergenzgetrieben und im Zusammenhang mit der Etablierung von neuen Geschäfts- und Erlösmodellen am wichtigsten.[88] Als Trends für die Medienbranche erstellte SJURTS vor fünf Jahren folgende Befunde: „1. Zum ersten ist zu konstatieren, dass im Zeitablauf *immer mehr Medienunternehmen* Cross-Media Strategien verfolgen. [...] 2. Zum Zweiten ist festzustellen, dass der *Verwandtschaftsgrad* von *Ausgangs- und Zielbranche* bei den Cross-Media Strategien kontinuierlich *abnimmt*. [...] 3. Als Drittes lassen sich deutliche *Parallelen* in den *Diversifikationsstrategien* erkennen, die die Medienunternehmen bei der Entstehung des privaten *Rundfunkmarktes* einerseits und bei der Entstehung und Verbreitung des *Internet* andererseits verfolgen."[89] Letzteres heißt, dass Substitutionsgefahren, die durch neue Märkte drohen, infolge des Eintritts in diese

---

[87] Vgl. Sjurts, I. (2002), S. 5.
[88] Vgl. ebd., S. 6f.
[89] Ebd., S. 11f.

Konkurrenzmärkte vorgebeugt werden sollten, somit also zunächst horizontale Diversifikation im intermediären Bereich erreicht wurde. Später kam es dann zu vertikal vor- und rückwärts gerichteter Diversifikation, indem neue Content-Anbieter, die der eigenen Wertschöpfung zuarbeiteten, geschaffen wurden.

Im Hinblick auf den Bereich Mobile Services ist erwähnenswert, dass hier gleich dieser Weg eingeschlagen wurde, um Content für mobile Endgeräte anbieten zu können. Erklärungsversuche für diese Entwicklungen reichen von marktorientierten bis zu ressourcenbasierten Gründen. Aus der Sicht des Marktes fließen viele Faktoren des Modells nach Porter, das den Markt in fünf tragende Kräfte aufteilt, in die Entwicklung ein. Die Macht der Lieferanten, Abnehmer und die Bedrohung durch Substitutionsprodukte und potenzielle neuen Wettbewerber sind neben der Rivalität bestehender Unternehmen die bedeutenden Kräfte im Markt.[90]

Als klaren strategischen Vorteil bezeichnet Sjurts Content-basierte Diversifikationsstrategien, die auf schwer imitierbarer und substituierbarer Content aufbauen. Diese Art von Inhalten bietet den Unternehmen einen klaren Wettbewerbsvorteil.[91] Die Frage, ob Cross-Media Strategien eine Alternative zu den konventionellen Wertschöpfungsmodellen der Medienunternehmen sind, stellt sich demnach gar nicht. Cross-Media Strategien sind längst etabliert in den großen Senderfamilien, und auch kleinere Sender ziehen nach.

ProSiebenSat.1 Media ist längst aufgeteilt in die Geschäftsbereiche Fernsehen und Diversifikation. Der Bereich Diversifikation befasst sich ausschließlich damit, das Unternehmen unabhängiger von dem Werbemarkt zu machen. Hier entstehen neue Vertriebsmöglichkeiten für bereits vorhandenen Content durch Unternehmensstränge, wie SevenOne International und Merchandising Media zeigen. Es werden aber auch komplett neue Wege eingeschlagen, wie der Sender 9Live verdeutlicht. Beide Strategien werden bspw. in der Tochterfirma SevenOne Intermedia verknüpft, die sich im Markt für Multimediadienstleistungen hervortut.[92]

Ein ähnliches Bild zeichnet sich bei der deutschen Tochter RTL Televison, die Teil der international aufgestellten RTL Group ist. Hier ist die RTL Interactive verantwortlich für den Bereich Diversifikation. Im Kern geht es dabei auch um interaktive, transaktionsfähige Geschäftsfelder, die mit der Digitalisierung und Konvergenz Einzug

---

[90] Vgl. Sjurts, I. (2002), S. 12ff.; Heinrich, J. (1999), S. 306.
[91] Vgl. ebd., S. 16.
[92] Vgl. o.V. (2007), ProSiebenSat.1 Media AG – Unternehmen – Konzernstruktur (Web).

in den Fernsehmarkt gehalten haben. Merchandising und Lizenzverkauf werden hier gleichermaßen vollzogen wie bei ProSiebenSat.1 Media.[93]

Es zeigt sich, dass die Cross-Media Strategien mehr als eine Alternative zum werbefinanzierten Fernsehmarkt sind, der mit rd. 4 Mrd. Euro jährlichem Umsatz an seine Grenzen stößt.[94] Aber ein langfristiger Ausweg aus diesen gesättigten Strukturen ist durch die Cross-Media Bereiche der Diversifizierung noch längst nicht gegeben. Dieser bietet noch immer die Grundlage für den Geschäftserfolg, denn für große Player im Fernsehmarkt, wie RTL und ProSiebenSat.1, geht es um Wachstum und Gewinnmaximierung, und da ist ein Verzicht auf Werbegelder nicht möglich. Neue Marktteilnehmer werden sicherlich eher direkt den Weg in die Bereiche der Diversifikation gehen, um diesen oligopolen Strukturen im Werbemarkt zu entgehen. Ein Beispiel ist der amerikanische Teleshopping-Sender QVC, der den deutschen Markt in Bereich des Einkaufsfernsehens komplett aufgerollt hat.

---

[93] Vgl. o.V. (2007), RTL Television – Familie – Diversifikation (Web).
[94] Vgl. o.V. (2006), Media Perspektiven – Basisdaten, S. 87.

3. Konvergenzentwicklung

Die Konvergenzentwicklung im deutschen Fernsehen soll zunächst durch eine klare Definition des Begriffes „Konvergenz" eingegrenzt und dann anhand von verschiedenen Beispielen in den folgenden Kapiteln präzisiert werden. Die Begriffserklärung in Kapitel 3.1 schließt eine Erläuterung der Konvergenzentwicklung im deutschen TV mit ein. Im Weiteren soll inhaltlich auf den Schwerpunkt der konvergenten Contentvermittlung eingegangen werden, indem verschiedene technische Varianten aufgezeigt werden sollen. Im Anschluss werden dann konkrete Fragen, die aus der konvergenten Entwicklung hervorgegangen sind, bezüglich ihrer Beziehung zum Fernsehen untersucht.

Im zweiten Teil des Abschnitts 3. ist noch einmal Content Thema der Diskussion. Es soll herausgestellt werden, wie Content und Content Management im Zuge der Konvergenz aussehen können, und welche gesetzlichen Regulationen und Bestimmungen auf die Konvergenzentwicklung im Fernsehbereich wirken. Die Frage nach Urheberrechten ist besonders im Bereich der Digitalisierung der Inhalte interessant. Allein angesichts des Booms von Videoplattformen im Internet bekommt die Frage eine ganz neue Brisanz. Aber auch konvergente Anwendungen betreffende Neuerungen in der Rundfunkgesetzgebung sollen zur Sprache kommen. Am Ende des Abschnitts werden kurz Ansätze aus der Medienwirkungsforschung geschildert, die mit dem Digitalisierungsprozess einhergehen.

3.1 Zu den Begriffen der Konvergenz und der Interaktivität

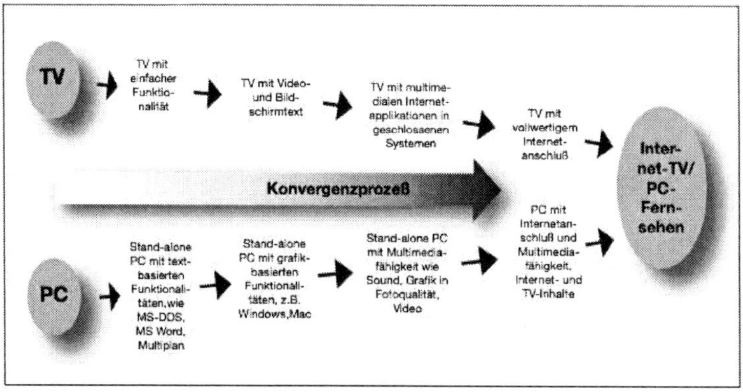

Abb. 8: **Konvergenz von TV und PC**
Quelle: eigene Darstellung angelehnt an Wirtz, B.W. (2006), S. 345.

Konvergenz bedeutet im ursprünglichen Sinne Verschmelzung. Die Konvergenz im Fernsehen bezieht sich in erster Linie auf die Nutzung von Endgeräten und insbesondere auf deren Funktionen. Dennoch tritt Konvergenz in einem weitaus größeren Rahmen auf. Im Gabler Lexikon Medienwirtschaft bezeichnet die Branchenkonvergenz eine Angleichung in verschiedenen Märkten, wie dem Informationstechnologie-, dem Telekommunikationsmarkt und von Medienmärkten im Allgemeinen. Dies hat wiederum Rückwirkungen auf die Regulierungen in der Medienbranche und führt somit zu einer regulativen Konvergenz.[95] Laut einer Studie des Medienkonvergenz Monitoring der Universität Leipzig gibt es eine rege Konvergenzentwicklung im Bereich Fernsehen. Üblich seien Einblendungen von URLs, auch die Werbung für Produkte anderer Medienbereiche, die unter das Merchandising der jeweiligen Show fallen, führt die Studie auf.[96] Interessanter im Bereich der Contentverwertung ist jedoch die technologische Konvergenz. Diese ist u.a. in der Abb. 8 dargestellt. Der sukzessive Zusammenfluss der beiden Stränge PC und TV führen zu einer multimedialen Einheit, die dem Nutzer ganz neue Möglichkeiten bietet, wie sich auch im Verlauf dieses Kapitels herausstellt. STIEGLITZ spricht u.a. von

---

[95] Vgl. Sjurts, I. (Hrsg.) (2004), S. 325.
[96] O.V. 2005, Medienkonvergenz Monitoring - Downloads, (Web).

Querschnittstechnologien, die innerhalb einer Branche entweder alte Technologien substituieren oder als neue Technologien in den Markt integriert werden. Dies spiegelt sich im Begriff TIME als Sinnbild einer neuen konvergenten Multimediabranche wider. Bei Integration findet also kein Verdrängungswettbewerb statt, sondern eine Ergänzung komplementärer Technologien, die in der Diversifikation für neue Märkte entwickelt werden. Als Beispiel nennt der Autor den Personal Digital Assistant (PDA).[97] KARSTENS ET AL. sehen in der Konvergenz vor allem Konsequenzen für die Endgerätenutzung. Sie drücken es wie folgt aus: „Das grundlegend Neue an der ‚digitalen Welt' besteht darin, dass es für ein Datensignal irgendwann völlig gleichgültig sein wird, was für einen Inhalt es enthält und auf welchem Gerät es schließlich vom Nutzer angezeigt wird (Konvergenz)."[98] Dies bezieht sich beispielsweise auf Fernseher, Computer und Handy. Dennoch bestehen Zweifel, inwiefern die Nutzung der einzelnen Geräte durch die User in Zukunft der Konvergenz unterliegt. So sollen sich die Nutzungsaufteilungen, trotz Anbindungen aller Geräte an die verfügbaren Netze, nicht wesentlich von den heutigen unterscheiden. Das heißt, dass nach wie vor im Wohnzimmer der große Fernseher steht und das Mobiltelefon primär zur Telefonie genutzt wird.[99] Die Frage nach der Konvergenz der Endgeräte und ihrer Nutzung spielt im weiteren Verlauf dieser Arbeit eine zentrale Rolle, da es speziell bei der Aufbereitung des TV-Contents auf das Endgerät und seine Akzeptanz bei den Usern ankommt.

Ein weiterer Punkt ist sicherlich die Funktion des Endgeräts für den User. Hier unterscheiden sich übergeordnet „lean back" und „lean forward"-Medien. In der wörtlichen Übersetzung bedeutet dies, dem einen Medium eine entspannte Haltung – lean back – entgegenzubringen, beim anderen Medium beugt man sich als User vor, um eine eher arbeitstypische Haltung einzunehmen, was als „lean forward" bezeichnet wird. Typische „lean back"-Medien sind passiv genutzte Heimfernseher, die bislang eher wenig mit der Konvergenz und Interaktivität zu tun hatten. Hier gibt es Anstrengungen, multimediale Plattformen zu entwickeln, die mit diversen Rückkanälen ausgestattet sind. Die im weiteren Verlauf der Arbeit erläuterten Digital Video Broadcasting-Standards (DVB) spielen in diesem Zusammenhang eine große Rolle. Aktiv genutzte „lean forward"-Medien sind vor allem Handys, da durch die rasante Entwicklung von neuen Übertragungsstandards Mobiltelefone mit größerer Vielfalt in den Funktionen

---
[97] Vgl. Stieglitz, N. (2004), S. 325f.
[98] Karstens, E. et al. (2005), S. 379.
[99] Vgl. ebd., S. 379f.

und zahlreichen Rückkanalmöglichkeiten entstehen.[100] Die technischen Rahmenbedingungen sollen im Detail in Kapitel 3.2 behandelt werden. Wie sich auch anhand der digitalen Applikationen, die die Konvergenz mit sich bringt, zeigen wird, gibt es eine Auflösung der linearen Struktur von Fernsehen. Non-lineare Aufnahme- und Programmplanungssysteme ermöglichen dem Nutzer eine individuelle Gestaltung seines Fernsehkonsums, was objektiv betrachtet erhebliche Konsequenzen für die werbefinanzierten TV-Sender haben kann, da Werbung einfach übersprungen werden kann.

Als Nächstes stellt sich die Frage nach der Konvergenz des Content. Gleichzeitig muss hier der Begriff der Interaktivität eingebunden werden. Interaktivität ist die Grundlage für konvergente Erlösmodelle im Fernsehen, bspw. für interactive Television[101] (iTV). Grundsätzlich entsteht Interaktivität aus einem Dialog zwischen Nutzer und Medium. Die erste Ebene ist der Bildschirmdialog, wie er bei Softwareanwendungen entsteht. Erweitert wird dieser Dialog durch einen Rückkanal, der durch den Anbieter der Anwendung oder durch die Möglichkeit, mit anderen Nutzern in Kontakt zu treten, ermöglicht wird.[102] Kriterien für Interaktivität sind laut SCHRÖFEL „wechselseitige Wahrnehmung", „Anwesenheit", „wechselseitige Kenntnis" und die „Gleichheit der Kontrolle". Wie sich später zeigen wird, sind Unterschiede im Grad der Erfüllung der Kriterien beim konventionellen Fernsehen als Repräsentant der Massenmedien und dem interaktiven TV vorhanden. Auffällig ist, dass alle Kriterien in sozialer Kommunikation erfüllt sind.[103] Dies lässt den Rückschluss zu, dass iTV das Maß an sozialer Kommunikation vorantreiben könnte.

CLEMENT sieht die Interaktivität von Fernsehen ebenfalls erst erfüllt, wenn der Nutzer über einen integrierten Rückkanal verfügt. Außerdem besteht bei interaktivem Fernsehen nach seiner Auffassung die Möglichkeit, zahlreiche Services und Inhalte anzubieten.[104] Inwieweit dies heutzutage erfüllt ist, zeigt sich im weiteren Verlauf der Arbeit. Um dem näher zu kommen, bietet WOLDT eine weitere Möglichkeit der Analyse von interaktivem Fernsehen an, indem er vier Ebenen der Interaktion unterscheidet, die sich teilweise mit oben genannten Erkenntnissen überschneiden, sich also in den vorher hier aufgeführten Systematiken wiederfinden. So ist als erste Ebene des iTV die Zweiseitigkeit oder sog. Multilateranz zu nennen, die bezweckt, dass eine

---
[100] Vgl. Karstens, E. et al. (2005), S. 380.
[101] Im Verlauf der Arbeit wird es auch als „interaktives Fernsehen" bezeichnet. Vgl. auch Kapitel 3.2.4.
[102] Vgl. Schröfel, A. (2006), S. 15.
[103] Vgl. ebd., S. 16.
[104] Vgl. Clement, M. (2000), S. 18f.

Kommunikation zwischen beiden Parteien stattfindet, also ein sog. Rückkanal existiert. Dennoch ist die Kommunikation in beide Richtungen nicht gleichwertig zu betrachten. Die zweite Ebene bezieht sich auf die Synchronizität der Anwendungen von beiden Parteien, was heißt, dass eine auffallende Zeitverzögerung bei der Reaktion auf die Auswahlentscheidungen einer der Parteien nicht vorkommt. Die dritte Ebene bezeichnet den Begriff der Kontrolle. Somit geht vom Sender ein größeres Maß an Kontrolle aus, da er schließlich für den Aufbau der interaktiven Plattform verantwortlich ist. Damit hat SCHRÖFEL oben eine etwas optimistischere Einschätzung der Kontrollvollmachten der beiden Interaktionspartner geliefert.[105]

3.2. Technik der konvergenten Contentvermittlung

Die Techniken der konvergenten Contentvermittlung werden ständig weiter entwickelt, was eine Darstellung des Status Quo nicht erleichtert. Im Folgenden sollen besonders die Techniken erläutert werden, die mittlerweile teilweise oder komplett die Grundlage zu neuen Erlösmodellen bilden. Der Fokus soll insbesondere auf den verschiedenen Standards des DVB liegen, die in ihrer Ausprägung in verschiedenen Märkten eingesetzt werden. Neben Digital Video Broadcasting-Terrestrial (DVB-T) sind die Bereiche Satellit, Cable und Handhelds von entscheidender Bedeutung, wenn der Untersuchung die konvergente Entwicklung im digitalen Fernsehmarkt zugrunde liegt. Weitere wichtige technische Aspekte betreffen die Entwicklung und den Einsatz des IPTV, das als Internet-basiertes Übertragungssystem von Fernsehanwendungen für Erlösmodelle im Bereich Video-on-Demand (VoD) und Mobile-Content schon Anwendung findet. Auch das Modell und die Anwendung des sog. Triple Play, welches Fernsehen, Telefonie und Internet bündelt und gleichsam als das Konvergenzmodell schlechthin gilt, sollen angesprochen werden. Im welchem Rahmen aber Geschäfts- respektive Erlösmodelle entstanden sind und in welchen Größenordnungen hier schon Erlöse generiert werden, soll im Abschnitt 4. der Arbeit beantwortet werden.

3.2.1 DVB-Standards

Eine der wichtigsten Entwicklungen, die als Grundlage für Konvergenz und neue Erlösmodelle dient, ist die Etablierung von Digital Video Broadcasting. Gemeint ist die

---

[105] Vgl. Woldt, R. (2004), S. 301f.; vgl. auch Plake, K. (2004), S. 345.

Umstellung von analogen auf digitale Fernsehsignale im Bereich Terrestrik, Kabel und Satellit. Die teilweise in Deutschland schon verwirklichte Grundform ist das DVB-T. Da die terrestrischen Fernsehsignale zur TV-Grundversorgung der Bevölkerung gedacht sind, wurden bzw. werden sie als erstes digitalisiert. Zwar nutzten im Jahr 2006 nur noch 4,6 Prozent aller Fernsehhaushalte das Antennennetz in Deutschland, dennoch ist grundgesetzlich festgeschrieben, dass eine Möglichkeit bestehen muss, ohne Kosten, die über die Rundfunkgebühren hinausgehen, Fernsehen zu empfangen. Da ein möglichst engmaschiges Signal notwendig ist, um selbst in geschlossenen Räumen eine einwandfreie Übertragung zu gewährleisten, ist eine hohe Sendeleistung erforderlich. Außerdem ist der Kanalplatzumfang von etwa 6 Kanälen bei analoger Übertragung auf 30 erhöht worden.[106] Die erste Umstellung in Deutschland hat vor einigen Jahren in dem Ballungsraum Berlin-Brandenburg stattgefunden. Gleichzeitig wurden die alten analogen Signale abgeschaltet, was die Nutzer zum Wechsel zwang. Der Erfolg des Berliner Pilotprojektes führte zur Umstellung in weiteren Ballungsräumen, die in Etappen stattfindet und noch immer nicht abgeschlossen ist. Das digitale Sendeverfahren sieht ein bei den Mpeg-Formaten (Moving Pictures Experts Group) übliches System der Datenreduktion vor. Bei DVB wird das Standard-Format Mpeg-2 verwendet. Die Übertragungsqualität kann nun von 2 Mbit/s bis 15 Mbit/s, was dem Datenstrom des High Definition Television (HDTV)[107] entspräche, frei verändert werden. Die Übertragung der Sender bei DVB-T soll gleichermaßen wie beim analogen Antennenfernsehen über Dach- und Zimmerantennen erfolgen. Wirtschaftlich ist das DVB-T keine Alternative zum Kabelnetz, da, wie oben erwähnt, nur noch eine sehr geringe Nutzergruppe ihr Fernsehprogramm über Antenne bezieht. Da die Sendekosten in etwa mit den des Kabelfernsehens gleich sind, ist die Umrüstung zunächst nur im Zeichen der Grundversorgung zu verstehen.[108] Eine den Nutzer betreffende finanzielle Umstellung ergibt sich ebenfalls aus der Umstellung der analogen Antennensignale auf DVB-T. Um das digitale Signal für den Fernseher umwandeln zu können, wird ein Digitalreceiver, im Volksmund Set-Top-Box, benötigt. Diese Set-Top-Boxen für den DVB-T-Empfang sind im Fernsehfachhandel erhältlich. Vermutlich ist in den nächsten Generationen der Fernsehgeräte die Technik zum Empfang von digitalen Fernsehsignalen schon integriert. KARSTENS weist im Übrigen darauf hin, dass

---

[106] Vgl. Karstens, E. (2006), S. 83.
[107] HDTV ist ein neuer hochauflösender Fernsehstandard. Er setzt sich in der Auflösung deutlich von den herkömmlichen PAL- und NTSC-Standards ab. Zur Definition von HDTV s. Karstens, E. (2006), S. 45.
[108] Vgl. Karstens, E. (2006), S. 83ff.; Karstens et al. (2005), S. 315f.

Fernsehunternehmer und Netzbetreiber in Vergangenheit die Notwendigkeit einer Set-Top-Box ausgenutzt haben, indem Sperren für konkurrierende Kabelnetzbetreiber installiert wurden, um ihre Kunden an sich zu binden.[109] Im weiteren Verlauf dieser Arbeit wird immer wieder von Set-Top-Boxen die Rede sein. Gemeint ist in allen Fällen eine Hardware zur Entschlüsselung von digitalen Signalen. Weitere Features der Set-Top-Boxen werden dann im Einzelnen erläutert.

Eng verknüpft mit dem deutschlandweit mit großem Medienecho bisher in den größten Ballungsräumen umgestellten Antennensignal ist die digitale Entwicklung im Bereich Kabel und Satellit. Hier ist die Tendenz schon lange erkennbar, und es werden schon zahlreiche Inhalte digital angeboten, nur muss parallel immer die Frage nach der Wirtschaftlichkeit gestellt werden. Dennoch geht der Trend eindeutig zur Digitalisierung, wie sich schon lange abzeichnet.

Die Nutzung von mobilen Endgeräten, wie Handys, Notebooks und PDAs im Zusammenhang mit digital übertragenen Inhalten ist in Zukunft sicherlich ein Sektor, der starkes Wachstum erleben wird. Schon im Jahr 2004 waren die Prognosen sehr viel versprechend, es wurde u.a. die Frage nach rentablen Erlösmodellen laut. Dabei wurde viel über die Inhalte, die den Endgerätenutzer interessieren sollen, diskutiert. Da die Technik des sog. Digital Video Broadcasting-Handhelds (DVB-H) der Technik des DVB-T sehr ähnlich ist, nur nicht die große Datenmenge eines für den Fernsehbildschirm gedachten Signals benötigt, wurden die Signalströme dementsprechend reduziert. So wurde eine optimale Bandbreite für die vergleichsweise kleinen Displays der Endgeräte erreicht. Der Stream geht über die Größe von 128 bis 384 Kbit/s nicht hinaus, gleichzeitig wird im Gegensatz zum DVB-T das parallele Aussenden von 50 – 80 Videostreams möglich. Die Anpassung des Datendownloads an die Handyakku-Leistungen, um Energie zu sparen, ist ebenfalls möglich. Dies soll in stoßweiser Übertragung realisiert werden.[110] Durch den technischen Erfolg des DVB-T im Ballungsraum Berlin-Brandenburg wurde die Nachfrage nach digitalen Übertragungsstandards größer. Berlin sicherte für den Betrieb von DVB-H Frequenzen, was aber ob der Frequenzknappheit nicht ohne Probleme blieb. Gleichzeitig kam es zu Klagen der Kabelnetzbetreiber, die sich durch die Umstellung des DVB-T und die damit verbundenen Fördermittel der Medienanstalt Berlin-Brandenburg (mabb) für diverse Privatsender benachteiligt fühlten. Diese sollen nach erfolgreicher Klage bei der EU-Kommission zurückgezahlt werden. Wenn das Geld tatsächlich zurückfließt, könnte es

---
[109] Vgl. Karstens, E. (2006), S. 83ff.
[110] Vgl. Eckstein, E. (2004), S. 42f.

zum Rückzug der Privatsender aus dem DVB-T-Sektor kommen. Folglich wären weitere Frequenzen für das DVB-H möglich.

Insgesamt wird mit einem Boom des im Volksmund als „Handy-TV" bezeichneten DVB-H gerechnet. Die führenden Endgerätehersteller arbeiten derzeit an der Entwicklung von kompatiblen Endgeräten.[111]

Neben DVB-H gibt es zurzeit Bemühungen, Inhalte über den Standard Digital Multimedia Broadcasting (DMB) zu verbreiten. Dieser Standard übernimmt Frequenzen der gescheiterten Digital Audio Broadcasting-Projekte (DAB), durch die der Hörfunk digitalisiert werden sollte. Ähnlich dem DVB-T wird hier zunächst eine Ausstrahlung in den Ballungsräumen vorgenommen.[112] Ein Anbieter von DMB-Diensten ist das Unternehmen „Watcha". Auf der letztjährigen Cebit war das Thema Mobile TV stark im Kommen.[113] Ein Problem des DMB-Dienstes ist die Frequenzknappheit. „Als Vorteile von DVB-H gelten die wesentlich höhere Bandbreite und somit höhere Programmvielfalt [...], und die Tatsache, dass DVB-H das Internet Protocol (IP) zur Kommunikation nutzt. Dadurch können interaktive Zusatzdienste einschließlich Rückkanal eingesetzt werden. DVB-H eignet sich vor allem in Ballungsgebieten, während in der Fläche DMB kostengünstiger ist."[114]

Um das Thema der DVB-Standards zu vervollständigen, muss hier auch Digital eXtended Multimedia Broadcasting (DXB) genannt werden. Dieser Standard wird ein Ergebnis der Konvergenz von DVB-H und DMB sein. Es sollen die Vorteile beider Standards integriert werden. Mit einem Start wird erst in ein, zwei Jahren gerechnet. Dies läuft parallel zur Umrüstung der deutschen Antennennetze auf den DVB-Standard.[115]

3.2.2 Pay-TV

Pay-TV ist ein seit Jahren gängiges Modell, um Erlöse durch Abonnementstrukturen zu erzielen. Das Bezahlfernsehen geht von der Zahlungsbereitschaft des Kunden aus und versucht diesen durch mehrere Varianten an sich zu binden. So gut wie immer wird das Signal des Anbieters verschlüsselt ausgestrahlt und kann i.d.R. durch eine Decoderbox für den Kunden frei geschaltet werden. So wird die Nicht-Ausschließbarkeit vom

---
[111] Vgl. Butzek, E. (2006b), S. 26f.
[112] Vgl. Wengenroth, K. (2006), S. 132f.; Breunig, C. (2006), S. 5.
[113] Vgl. Eckstein, E. (2006a), S. 65.
[114] Breunig, C. (2006), S. 6.
[115] Vgl. ebd., S. 7.

Konsum, die dadurch entsteht, dass ein Fernsehsignal für jeden, der Interesse am Konsum hat, frei verfügbar ist, umgangen. Die Definition vom quasi-öffentlichen Gut trifft hier somit nicht wirklich zu.[116] Die Finanzierung von Pay-TV läuft, wie oben erwähnt, in erster Linie über die Rezipientenmärkte. So findet ein Ausschluss von Kunden statt, die nicht bereit sind, die Abonnementgebühren zu entrichten. Neben dem Rezipientenmarkt werden natürlich auch auf dem Werbemarkt Erlöse generiert, nur geschieht dies nicht in dem Umfang, wie bei Free-TV-Sendern. Werbeunterbrechungen und -inseln während der Ausstrahlung von Inhalten gibt es bei Pay-TV-Sendern nicht. Die verschiedenen Angebotsmodelle bestehen zunächst aus dem üblichen Pay-per-channel (PPC). Hier bezahlt der Kunde eine monatliche Gebühr und kann dafür bestimmte Sender frei empfangen. Die verschiedenen Sender sind meist in Sparten gestaffelt und bedienen immer spezielle Zielgruppen. Die Systematik des sog. Pay-per-view (PPV) richtet sich nach dem Wunsch des Kunden, ein spezielles Format gegen Entgelt zu abonnieren. Zeitpunkt und konkrete Art des Inhalts können aber wie im PPC nicht gewählt werden.[117] Für den Kunden ist PPV aus dem Grund eine vorteilhafte Alternative, da er sich nicht automatisch für eine längere Laufzeit für ein Angebot entscheiden muss. Er kann sich immer wieder neue Inhalte aussuchen, die er sehen möchte. Für den Sender bedeutet dies einen erhöhten Marketingaufwand.[118] Eine weitere wichtige Angebots- und Erlösform von Pay-TV-Anbietern ist das Video-on-Demand (VoD). VoD soll im Verlauf dieser Arbeit noch separat behandelt werden, da es mittlerweile in neuen konvergenten Angebotsmodellen integriert ist und über verschiedene Kanäle, wie bspw. IPTV, vertrieben werden kann. „Nur wenn der Zuschauer das Angebot als besonders attraktiv und gleichzeitig einzigartig wahrnimmt [...], ist eine Differenzierung vom üblichen Free-TV-Angebot möglich und rechtfertigt aus Kundensicht ein entsprechendes Entgelt."[119] Auch BECK betont die Wichtigkeit der auf Rezipientenwünsche abgestimmten Inhalte der Pay-TV-Anbieter, die versuchen, dem Wettbewerb mit Free-TV-Sendern aus dem Weg zu gehen. Denn berücksichtigt man die Rundfunkgebühren und eventuelle Kabelgebühren, dann ist eine weitere Zahlungsbereitschaft der Kunden nicht sehr hoch.[120] Außerdem sorgt der umfangreiche und vielfältige Free-TV-Markt in Deutschland nicht gerade für Wettbewerbsvorteile für Pay-TV.

---

[116] Vgl. Wengenroth, K. (2006), S. 107; Beck, H. (2005), S. 248.
[117] Vgl. Wirtz, B.W. (2006), S. 350; Wolf, M. (2006), S. 87f.; Beck, H. (2005), S. 248.
[118] Vgl. Zerdick, A. et al. (2001), S. 54f.
[119] Wolf, M. (2006), S. 88.
[120] Vgl. Beck, H. (2005), S. 255f.

Der Marktführer für Pay-TV in Deutschland ist Premiere, ein Unternehmen, das vormals zur Kirchgruppe gehörte und nach dem Zusammenbruch des Medienkonzerns mit großen Verlusten weitergeführt wurde. Grund für die Erfolg versprechenden Aussichten für Premiere waren die Übertragungsrechte der Fußball-Bundesliga und weiterer Sportereignisse, welche Premiere mit großem Werbeaufwand vermarktete. Seit dem Frühjahr 2006 sind die Übertragungsrechte an den Pay-TV-Anbieter „Arena" übergegangen. Arena ist eine Tochter des Kabelnetzbetreibers Unity Media, der wiederum zum Betreiber Tele Columbus gehört. Insgesamt betreibt Unity Media mehrere Millionen Kabelhaushalte über die Töchter ish und iesy.[121] Der Kauf der Bundesliga-Rechte durch Arena führte zu einer grundsätzlichen Neustrukturierung der Programminhalte von Premiere. Vor allem HDTV wird bei Premiere mit aller Macht vermarktet.

Mittlerweile sind auch zahlreiche andere Pay-TV-Anbieter auf dem Markt erschienen. Die Potenziale des Pay-TV-Marktes werden im Gegensatz zum relativ gesättigten Werbemarkt positiver beurteilt. Die hohen Markteintrittsbarrieren jedoch hemmen den Einstieg für neue Pay-TV-Sendermodelle. Generell ist Reichweite nur noch schwer zu erlangen. Außerdem fördert die Digitalisierung den Verdrängungswettbewerb, da Sendeplätze nach der Umstellung begrenzt sind. Teilweise müssen Sender ihre alten analogen Sendeplätze frei machen, um diese digital nutzen zu können. KRÖHNE erwähnt als Beispiel die Umstellung des analogen Antennensignals auf DVB-T. Hier wurden die kleinere Sender teilweise gezwungen, das digitale Signal zu übernehmen.

Um nicht gleich in diese Spirale der Digitalisierung zu geraten, sind Pay-TV-Geschäftsmodelle für Neueinsteiger empfehlenswert. Zwar sind die großen Senderfamilien auch hier im Vorteil, dennoch gibt es mehr Kapazitäten, so dass sich die Chancen für Neueinsteiger erhöhen.[122] „Jetzt ist der Markt noch nicht verstopft. Jetzt öffnet sich ein Fenster und man muss einen Platz besetzen. [...] Wenn ich heute die Idee [...] für einen Angler-Kanal habe, dann kann ich ihn jetzt platzieren."[123] Grundsätzlich werden neue Vertriebswege wie IPTV oder Triple Play ausprobiert, um Inhalte an den Kunden zu bringen.

---

[121] Vgl. Butzek, E. (2006a), S. 28f.
[122] Vgl. Kröhne, J. (2006), S. 28ff.
[123] Ebd., S. 31.

3.2.3 IPTV

IPTV ist ein typisches Ergebnis der Konvergenz. Seit etwa eineinhalb Jahren steht der Begriff für ein eigenständiges Verfahren, das TV-Inhalte über Breitband-Internetverbindungen auf verschiedene Endgeräte liefern soll. Dennoch steckt die Entwicklung noch in den Kinderschuhen, so dass wirkliche Konkurrenz dem konventionellen Fernsehen durch IPTV noch nicht droht. Viele TV-Unternehmen waren im Jahr 2005 diesbezüglich noch in der Experimentierphase.[124] Grundsätzlich versteht man unter IPTV die Übertragung von Fernsehbildern über das IP. IPTV benötigt hierzu eine Datenrate von mindestens 1 Mbit/s, was bedeutet, dass die Anbieter auf Netz-Provider mit Digital Subscriber Line-Breitband-Netzen (DSL) angewiesen sind. In diesem Bereich gibt es erstaunliche Entwicklungen, durch die immer schnellere und leistungsfähigere DSL-Dienste entstehen. Der gängigste Anschluss ist das Asymmetric-DSL (ADSL), es gibt aber auch schon Very High Data Rate DSL (VDSL), was sogar zu Leistungen über 100 Mbit/s fähig sein soll.

IPTV hat sich im Jahr 2006 zu einem Markt mit weltweit großen Wachstumschancen entwickelt. Die großen privaten Sendergruppen bieten ihrerseits Dienste an, die über IPTV funktionieren. IPTV bildet bspw. die Grundlage für diverse VoD- und Personal-Video-Recorder-Dienste (PVR). Auch Video-Podcasts und Live-Streaming von TV-Programmen zählen zu den Diensten, die durch IPTV verwirklicht werden können. Dennoch werden keinesfalls alle dieser Dienste pauschal IPTV genannt.[125] Hier wurde vor allem der Begriff „Internet-TV" geprägt. Der Unterschied besteht in den Qualitätsversprechungen der Dienste. Im Jargon der Telekommunikationsbetreiber spricht man von Best-Effort und Quality-of-Service (QoS). Best-Effort charakterisiert die größten Bemühungen für eine unterbrechungsfreie Übertragung, QoS garantiert eine solche, was bei IPTV der Fall sein soll.[126]

Aus IPTV ergeben sich grundsätzlich zahlreiche neue Geschäftsmodelle, die teilweise auch in dieser Arbeit erläutert werden. Probleme im rechtlichen Bereich jedoch sind die logische Konsequenz aus der Möglichkeit, TV-Content in fernsehtauglicher Qualität über das Internet verbreiten zu können. Kritisch ist vor diesem Hintergrund die Entwicklung von User-Generated-Content-Plattformen, auf denen Nutzer ihre eigenen Videos hochladen können, wie z.B. auf den Websites des weltgrößten Videoportals YouTube und seinen deutschen Pendants MyVideo und Clipfish. Entsprechende

---

[124] Vgl. Eckstein, E. (2005a), S. 42.
[125] Vgl. o.V. (2007), IPTV Grundlagen (Web).
[126] Vgl. o.V. (2007), Welcome to the competitive-isp.info (Web).

Plattformen werden in vielen Fällen dafür genutzt, urheberrechtlich geschützten Content aus Fernsehprogrammen und Kinofilmen weltweit zur Verfügung zu stellen. Die rechtlichen Konsequenzen der verschiedenen Parteien sind noch nicht klar. Aus diesem Grund sind die meisten IPTV-Angebote bisher kostenpflichtig und entsprechen in etwa Abonnementdiensten. Die Perspektiven von IPTV sind für Deutschland durchaus positiv. Weltweit nutzen mittlerweile 3,6 Mio. Menschen IPTV-Dienste. Der Umsatz für diese Dienste soll schon bei einer Milliarde Euro liegen. Laut einer Studie der Goldmedia GmbH Media Consulting & Research werden im Jahr 2010 rd. 1,3 Mio. Menschen IPTV nutzen, da schon jetzt ca. jeder vierte deutsche Haushalt einen Internetanschluss hat, der die Vorraussetzung für IPTV mitbringt.[127]

3.2.4. iTV

Bei der Entwicklung der konvergenten Contentvermittlung hat sich ein Modell bzw. Konzept gegenüber allen anderen herauskristallisiert, das in Zukunft die direkte Kommunikation mit den Zuschauern ermöglichen soll, respektive ermöglicht: das interaktive Fernsehen, auch interactive Television (iTV)[128] genannt. Die vorausgegangenen technischen Komponenten IPTV und die DVB sind sicherlich zuträglich zur Entwicklung des iTV. Vor diesem Hintergrund ist bei der Entstehung dieser neuen Systeme die Analyse der Nutzergruppen spannend.[129] Da hier die beiden Komponenten des aktiven sowie des passiven, auch als „Couch Potato" betitelten Nutzers eine Rolle spielen, wirft sich die Frage auf, welcher Gruppe der Nutzer von iTV denn nun zugeordnet werden soll. Da das iTV einen aktiven Nutzer voraussetzt, ist die Frage interessant, ob ein allzu interaktives System überhaupt von den Fernsehnutzern angenommen wird.[130] Grundsätzlich garantieren die wechselseitige Wahrnehmung von Sender und Empfänger und die Gleichheit der Kontrolle dieser beiden Seiten eine interaktive Beziehung. Dies impliziert schließlich einen Rückkanal, der es dem Nutzer ermöglicht, die Kontrolle auf den Gegenpart auszuüben.[131]
Um nun interaktives Fernsehen zu definieren, gilt es u.a. diese beiden Komponenten in dem System wiederzuerkennen. In der Literatur werden die Komponenten durch sog.

---

[127] Vgl. o.V. (2006), IPTV im Jahresrückblick 2006: Fernsehen über das Internet-Protokoll startet in Europa durch, (Web).
[128] Beide Bezeichnungen werden in der Arbeit fortlaufend verwendet.
[129] Vgl. Kapitel 3.6.
[130] Vgl. Hachmeister et al. (2004), S. 147.
[131] Vgl. Definition von Interaktivität in Kapitel 3.1.

„Nutzernetzwerke", „Systemnetzwerke" und „Applikationennetzwerke" eingebracht.[132] Der Begriff des Nutzernetzwerks definiert die Interaktivität eines Systems über direkte Netzeffekte[133]. Ein Systemnetzwerk basiert auf dem Zusammenspiel technischer Komponenten, der Inhalte, der Hardware und der Betriebssoftware, wie es auch in den Kapiteln 3.2.1 bis 3.2.3 beschrieben wird. Die dritte Ebene nach Clement ist das Applikationennetzwerk. Es „ergibt sich [...] aus der Kompatibilität der Inhalte zueinander."[134] Entscheidend für eine einfache Bedienung durch den Nutzer ist die Ähnlichkeit der verschiedenen Anwendungen und Dienste untereinander. Der Nutzen dieses Netzwerks steigt durch direkte Netzeffekte ähnlich wie beim Nutzernetzwerk durch die Anzahl der Applikationen.[135] Angelehnt an die vorhergegangenen Definitionsversuche merkt SCHIRMER an: „Oftmals wird der Begriff ‚interaktives Fernsehen' auch als Sammelbegriff für alle digitalen Applikationen benutzt; an anderen Stellen wiederum nur für ganz spezielle Anwendungen."[136] Da sich aber durch die Digitalisierungstendenzen in den letzten Jahren eine relativ klare Vorstellung von iTV entwickelt hat, sollte eine Definition schon ein präzises Bild vom Kontext des interactive Television vermitteln. In erster Linie müssen also Anwendungen erläutert werden, die für iTV typisch sind. In Abschnitt 4. der Arbeit werden dann die praxisnahen Verwirklichungen zur Geltung kommen.

Zur konkreteren Analyse und Beschreibung von iTV können hier nun die vier Definitionsebenen von WOLDT herangezogen werden.[137] Folglich muss definiert werden, in welchem Rahmen sich die Anwendungen der bisherigen iTV-Modelle bewegen. Hier wird das Modell der fünf Ebenen der Interaktivität von WOLDT noch einmal auf eine neue Stufe übertragen. Denn sowohl WOLDT als auch HACHMEISTER ET AL. haben auf der Grundlage von DIJK & DE VOS ein Modell geschildert, das wiederum vier Ebenen beinhaltet. Es sind kommunikative wie inhaltliche Faktoren für das Modell bedeutsam.[138] Die „Auswahl von Programmen und Kanälen" ist eine Art der Aktivität, die ohne Rückkanal funktioniert. Dem Nutzer wird dementsprechend eine Palette an möglichen Programmen angeboten, welche er nutzen kann. HACHMEISTER ET AL. bezeichnen dies auch als lokale Interaktivität. Es ist die einfachste Stufe von iTV, das

---

[132] Vgl. Clement (2000), S. 42..
[133] Zur Definition von Netzeffekten vgl. Schumann et al. (2000), S. 27. Ähnliche Definitionen finden sich bei Zerdick et al. (2001), S. 156ff. oder auch bei Clement (2000), S. 38ff.
[134] Clement (2000), S. 43.
[135] Vgl. ebd., S. 42f.
[136] Vgl. Schirmer, N. (2006), S. 6.
[137] Vgl. Kapitel 3.1.
[138] Vgl. Woldt, R. (2004), S. 302; Hachmeister, L. et al. (2004), S. 149f.

aber eher auf digitalem Fernsehen beruht. Hier verläuft die Grenze schließlich fließend. Die zweite Ebene in diesem Zusammenhang ist die „Auswahl aus Menüs und Transaktionen". Hier wird dem Nutzer zwar auch überwiegend kontrolliert eine Auswahl durch den Sender geboten, dennoch geht ein Signal vom Nutzer zurück an den Sender und es findet somit eine Kommunikation über einen Rückkanal statt. Diese Möglichkeit der interaktiven Programmgestaltung findet sich häufig im Pay-TV wieder, wo mehrere Optionen innerhalb eines Programms angeboten werden. Die dritte Ebene ist die „Produktion von Information". Hier bietet sich dem Nutzer die Möglichkeit, direkten Einfluss auf das Programmangebot zu nehmen. Votings ermöglichen also eine begrenzte Einflussnahme. Höher ist der Grad des Einflusses bei direkter Kommunikation mit der Sendung durch Call-Ins. Die vierte und bislang höchste Ebene der Interaktion innerhalb des Fernsehens ist „Austausch/Kommunikation". Hier dient das Fernsehen als Plattform bzw. Kanal der Kommunikation, über welchen multilateral virtuelle Gemeinschaften in verschiedenen Arten kommunizieren.[139] Noch konkreter münzt WOLDT dies in Kategorien von iTV-Anwendungen um. Auch hier sind vier Ebenen zu unterscheiden. Viele Aspekte der vorangegangenen Skalierung fließen hier mit ein. Dennoch lassen sich die Ebenen nicht eins zu eins übertragen.

Hier können wiederum vier Ebenen deutlich unterschieden werden: erstens das sog. Enhanced TV oder anders die „Angebote zur Ergänzung/Erweiterung einer Fernsehsendung"[140]. So sind die etablierten Videotextfunktionen schon seit vielen Jahren Teil der Fernsehwirklichkeit, die in den letzten Jahren nur leicht verändert wurden, wie bspw. durch overlay-Funktionen.[141] Die in der Tabelle aufgeführten 24/7-Dienste beziehen sich auf elektronische Dienste, die rund um die Uhr dem Nutzer verfügbar sind. Info-Dienste, Onlinespiele, Nachrichten sowie der im folgenden Kapitel auf seine Bedeutung ausführlicher erläuterte Electronic Programm Guide (EPG) zählen dazu. Als Charakteristikum dieser Dienste ist wichtig, dass sie nicht direkt formatgebunden sind. T-Commerce bildet den dritten Anwendungsbereich des iTV. Hier geht es um Teleshopping[142] im weitesten Sinne, wie es im deutschen Fernsehen praktiziert wird. Als interessanteste Entwicklung der Funktionen des iTV ist wohl nach wie vor das VoD zu verzeichnen.[143]

---

[139] Vgl. Hachmeister, L. et al. (2004), S. 149f.
[140] Woldt, R. (2004), S. 303.
[141] Vgl. ebd., S. 303; Schirmer, N. (2006), S. 7.
[142] Vgl. Kapitel 2.2.1.
[143] Vgl. Woldt, R. (2004), S. 303f.

An dieser Stelle muss noch die sog. Multimedia Home Plattform (MHP) erwähnt werden. Sie soll einen einheitlichen Standard für das interaktive Fernsehen und seine Nutzer bieten. Die Idee war die Schaffung einer Basis, die allen Anbietern von iTV-Soft- und Hardware gleichermaßen zugrunde liegt, damit es nicht zu einem Chaos der verschiedenen Normen und Anwendungen kommt und der Markt für digitales Fernsehen sich auf einen Standard einigen konnte. In erster Linie tritt die MHP aber als „Vermittler" in Erscheinung, also als Middleware, zwischen Hardware und inhaltlichen Angeboten.[144] In einer Erklärung der deutschen Fernsehsender von 2001 verpflichten sich diese, ihre interaktiven Dienste, die in Zukunft entwickelt werden sollen, der MHP anzupassen.[145] Diverse öffentlich-rechtliche Sender nutzen diesen Standard. Durch die MHP soll dem Nutzer ein Rückkanal angeboten werden, durch den er iTV-Dienste wahrnehmen kann. Sie ist u.a. ein benutzerfreundliches Handlingtool. Der Standard als Regulierung auf dem europäischen Medienmarkt erscheint sinnvoll, damit der Markt nicht in einem Format-Chaos der verschiedenen Anbieter endet, wie der Endkunde es vom Markt der Datenträger leider gewohnt ist. Hier entscheidet sich der Markt einzig durch Nutzerpräferenzen, welches neue Format sich letztendlich durchsetzt, wichtig ist schließlich eine relativ preisgünstige qualitativ hochwertige Variante des angebotenen Produktes. Dennoch muss leider konstatiert werden, dass MHP wohl keinerlei Chancen auf eine Marktdurchdringung hat: „MHP ist aus meiner Sicht bereits gescheitert. Der hessische Rundfunk hat erst vor kurzem seine MHP-Dienste eingestellt. Auch ansonsten sind es ausschließlich nur noch öffentlich-rechtliche Sender, die MHP ausstrahlen. [...] Zudem strahlen sie ihre Dienste nur für rund 5 000 potenzielle Haushalte aus. Und ob diese Haushalte die Dienste dann auch nutzen, sei mal dahingestellt."[146]

3.2.4.1 Video-on-Demand, Personal Video Recorder und Electronic Programm Guide

VoD ist ein seit längerer Zeit etabliertes Modell verschiedener Fernsehanbieter, um Kunden durch eine breite Angebotsvielfalt zu gewinnen. Das Stichwort Interaktivität spielt hier eine bedeutende Rolle. Üblich bei VoD-Systemen ist die selbstständige Verfügung des Kunden über Zeitpunkt des Konsums eines gewünschten Inhalts. An dieser Stelle ist es außerdem sinnvoll, den Begriff des Personal Video Recorder zu

---

[144] Vgl. Eisner, H. (2002), S. 190.
[145] Vgl. Schröfel, A. (2006), S. 65.
[146] Wengenroth, K. (2007), s. Anhang, S. 90.

erläutern. Der PVR löste den Nutzer von der Struktur des linearen Fernsehens, indem er selbst entscheiden kann, wann er auf welche Inhalte zugreift. Dieses System ermöglicht dem Nutzer eine spezifisch auf ihn zugeschnittene non-lineare Programmauswahl. Der digitale Videorekorder kann in einer Set-Top-Box integriert sein, aber auch als Software auf dem PC in Verbindung mit IPTV genutzt werden. Als dritte Entwicklung der Interaktivität und des interaktiven Fernsehens in diesem Kontext ist der EPG von wichtiger Bedeutung. Dieser bietet dem Nutzer eine digitale Programmübersicht der zu empfangenden Sender. Doch zunächst soll hier auf die VoD- und PVR-Systeme eingegangen werden.

Die VoD ist im Grunde eine Weiterentwicklung der schon seit einiger Zeit praktizierten PPV-Verfahren des Bezahlsenders Premiere. Diesen kann man auch als Near-Video-on-Demand-Dienst bezeichnen, da die Anfangszeit des Filmes zwar gewählt werden kann, diese aber vom Anbieter in verschiedenen Intervallen bereit gestellt wird. Durch die Entwicklungen im Bereich der Speichermedien können nun Speicherkapazitäten zur digitalen Aufzeichnung von Spielfilmen für Endkunden angeboten werden. Die VoD-Dienstleister machen sich diese Entwicklungen zu Nutze, indem sie den Kunden spezielle Set-Top-Boxen ausgestattet mit entsprechenden Speicherkapazitäten zur Verfügung stellen. Diese Boxen können nun dazu verwendet werden, auf Wunsch bestimmte Inhalte zu konsumieren. Durch die PVR-Systeme können sie dementsprechend nach Kundenwünschen programmiert werden. „Den PVR definieren also nicht seine physische Gestalt und sein Ort, sondern eine bestimmte Zusammenballung von Fähigkeiten und Anwendungen."[147] Der PVR kann folglich in verschiedenen Formen auftreten. Denkbar sind wie gesagt Hardware-Systeme, die als Videorekorder, wie man ihn vom auf VHS basierenden VCR-System kennt, genutzt werden. Er kann in Set-Top-Boxen und Receivern integriert sein, er kann aber auch als Software auf PCs oder mobilen Endgeräten intstalliert sein. Die wichtigsten Eigenschaften des PVRs sind die Nonlinearität und die große Speicherfähigkeit. Die bisher sehr weit verbreiteten VCR-Systeme haben bekanntlich den Nachteil, dass auf Grund der Linearität der VHS-Bänder gewünschte Stellen auf den Bändern angespult werden müssen. Dieser Aufwand fällt bei der digitalen Aufnahme von Programminhalten komplett weg. Auch die begrenzten Aufnahmekapazitäten der VHS-Bänder gehören der Vergangenheit an. Auf PVR-Systemen können je nach Festplattenkapazitäten viele hundert Stunden Videomaterial aufgenommen werden.

---

[147] Karstens, E. (2006), S. 115.

Besonders die Nutzungsfreundlichkeit und die nachträglichen Bearbeitungsmöglichkeiten bieten sich als Vorteile der PVR besonders an. So verfügen PVRs meistens über eine Pufferfunktion, die ein Anhalten und Fortsetzen zu einem beliebigen Zeitpunkt ermöglichen. Ein Programm kann also frei nach der Entscheidung des Nutzers begonnen und beendet werden. Eine Abhängigkeit von den Sendezeiten der Fernsehprogramme besteht kaum noch. Auch die begrenzten Aufnahmemöglichkeiten von VCR-Systemen entfallen, da beim PVR i.d.R. mehrere Inhalte parallel aufgezeichnet werden können. Insgesamt trägt die Benutzeroberfläche des PVRs den eben genannten Aspekten Rechnung. Der Konsument kann durch ein nutzerfreundliches Menü, durch die verschiedenen Inhalte skippen und vermeidet hier ebenfalls lange Wartezeiten durch Anspulen oder Werbepausen.[148] Alle genannten Faktoren erhöhen die Flexibilität in erheblichem Maße.

Ein weiterer Bestandteil des neuen digitalen Fernsehens ist das schon erwähnte EPG. Es dient gleichermaßen als elektronische Programmzeitschrift wie als interaktives Empfehlungs- und Bewertungssystem von Programminhalten, das speziell auf den Nutzer zugeschnitten ist. Der Vorteil von EPG besteht darin, dass es die Präferenzen des Nutzers aufnimmt und ihm dementsprechend Hinweise auf ähnliche Sendungen und Programme gibt. Der Nutzer kann ebenfalls seine persönlichen Vorlieben integrieren und somit sein Profil für den Programmkonsum definieren. Hier profitiert das System von seiner Lernfähigkeit.[149] Die Programmzeitschriftenverlage könnten EPG in Form einer unverwandten intermediären Cross-Media Strategie nutzen. So könnte man kostenpflichtige EPGs anbieten. „Die wahrscheinlichere Variante besteht zunächst aber in EPGs, die entweder durch Werbung, durch die Netzbetreiber bzw. Bouquet-Anbieter oder die Hersteller mitfinanziert werden"[150], so die Einschätzung von KARSTENS. Schließlich steigt der Grad der Individualität im Fernsehkonsum. Nutzer sind jederzeit in der Lage, gezielt aus der enormen Fülle des Fernsehprogramms auszuwählen. Kritisch sind sicherlich generell die Möglichkeiten, die die Nonlinearität mit sich bringt. Bei einer Marktdurchdringung des EPG und des PVR müsste die Werbebranche Umsatzeinbußen befürchten.

---

[148] Vgl. Karstens, E. (2006), S. 115.
[149] Vgl. ebd., S. 117f.
[150] Ebd., S. 196.

3.2.4.2 Streaming-Video

Im Kapitel IPTV wurde kurz das sog. Internet-TV, eine nicht genormte Form des Broadcasting über das Internet, die vor allem in den mittlerweile sehr beliebten Videoportalen im Internet verbreitet ist, angesprochen. POHL unterscheidet hier drei Kategorien:

1. Zweitverwertung von Content durch Fernsehsender
2. Formate, die für das Internet produziert worden sind
3. Dienstleister, die im Bereich Streaming Media speziell Content für diverse Anbieter herstellen.

Als konkrete Anwendungsfälle werden hier u.a. Webcasting und WWW-Broadcasting genannt.[151] Der Begriff des „Podcasting" muss in diesem Zusammenhang auch erwähnt werden, da eine Verbreitung von sog. Podcasts in den letzten zwei Jahren extreme Ausmaße angenommen hat.[152]. Hier kommen auch User-Generated-Content-Plattformen noch einmal ins Spiel. Diese dienen zwar in erster Linie nur den Nutzern, dennoch ist die Plattform YouTube für über 1 Mrd. Euro an den Online-Suchmaschinen-Konzern Google verkauft worden. Wirtschaftlich gesehen scheint eine Analyse der Erlösmöglichkeiten durch solch eine Consumer-Video-Plattform also durchaus lohnenswert, sie soll aber nicht in diesem Kapitel vorgenommen werden, da hier die technischen Aspekte der Verwirklichung von Online-Broadcasting im Vordergrund stehen sollen. Aus dieser Sicht macht sich IPTV als Internet-TV das sog. Streaming zu Nutze. Die Technik des Streaming sieht vor, dass während der Nutzung eines Online-Angebotes durch einen konstanten Datenstrom die Ladezeit verkürzt und das Video so schneller angeschaut werden kann. Das Streaming basiert auf dem schon erwähnten Format MPEG, das eine Kompression der Videodaten vornimmt und nur die für den Nutzer relevanten Informationen überträgt. Damit der Nutzer die Daten ohne weiteres anschauen kann, benötigt er entsprechende Playersoftware. Hier sind Quicktime, Windows Media Player und Real Video die gängigsten Formate. Quicktime ist das Standardformat des Apple-basierten MacOS-Betriebssystems, Windows Media entspricht diesem bei Microsoft. Hauptvorteil der Streaming-Technologie sind das effizientere, unverzögerte Abspielen des Materials und die Datenkompression."[153]

---

[151] Vgl. Pohl, A. (2005), S. 140.
[152] Zu Podcasting vgl. Kapitel 5.1.1.
[153] Vgl. Pohl, A. (2005), S. 141.

3.2.5 Triple Play

„Triple Play" bezeichnet ein Bundle von Telekommunikation, Broadcasting und Internet. „Triple Play ist ein Kunstbegriff, der vor einigen Jahren in die Diskussion kam. [...]. Da sollen die Telefonie, der Internetzugang und der Fernsehzugang in gewisser Weise zusammen verfügbar werden, zusammenwachsen."[154] Ausgehend von der großflächigen Versorgung deutscher Haushalte mit Breitbandanschlüssen nach dem DSL-Standards ist Triple Play in erster Linie eine Bezeichnung, die den Netzbetreibern und –anbietern aus marketingstrategischen Gesichtspunkten zugute kommt. „Triple Play ist aus meiner Sicht eine Umschreibung für Bündelangebote aus verschiedenen Diensten, die gemeinsam vermarktet werden."[155] Trotzdem scheint Triple Play auch in den Überlegungen von Medienwissenschaftlern angekommen zu sein und bewirbt sich auf diese Weise als nächstes massentaugliches konvergenzgetriebenes Geschäftsmodell mit interaktiven Ansätzen. Nun muss zunächst geprüft werden, welches Potenzial Triple Play wirklich hat und wie der Massenmarkt und der Endkunde mit solchen Bundle-Angeboten umgeht.

Laut Angaben der Bundesnetzagentur, die in ihrem Jahresbericht 2005 das Thema Triple Play aufgreift, bestehen sehr gute Perspektiven zur Nutzung von entsprechenden Angeboten. Ende 2005 soll es nur rd. 150 000 Triple Play-Nutzer im deutschen Markt gegeben haben. Dies zeigt, dass enormes Wachstumspotenzial besteht. Besonders durch die Ausweitung der Strukturen im Bereich des IPTV sieht die Agentur einen Antrieb für den Markt des Triple Play.[156] PICOT spricht gar von einem prognostizierten europäischen Umsatzvolumen im Jahre 2010 von rd. 7,5 Mrd. Euro. Technisch gesehen ist Triple Play, wie schon erwähnt, eine Bündelung von Angeboten aus TV und Video-, Telefonie- und Internet-Dienstleistungen. Da der Begriff Triple Play nicht wissenschaftlich definiert ist, kann es jedoch zu unterschiedlichen Auffassungen kommen. Für den europäischen Markt hat man sich aber im Grunde auf diese Aufteilung der Dienste verständigt. Da der Begriff für Marketingaktivitäten genutzt wird, gibt es bereits dementsprechende Modelle, die die Mobilfunktechnologie mit einschließen und das Triple Play zu einem sog. Quadruple Play oder Quad Play aufwerten. Auch diese Bezeichnung dient wohl in erster Linie als Qualitätsbegriff für Überlegungen im Marketing der Anbieter. Überschneidungen der verschiedenen Bereiche sind in Abb. 9 illustriert.

---

[154] Vgl. Pohl, A. (2005), S. 2f.
[155] Wengenroth, K. (2007), s. Anhang, S. 94.
[156] Vgl. o.V. (2006), Bundesnetzagentur – Pressemitteilung, Jahresbericht 2005, S. 3 (Web).

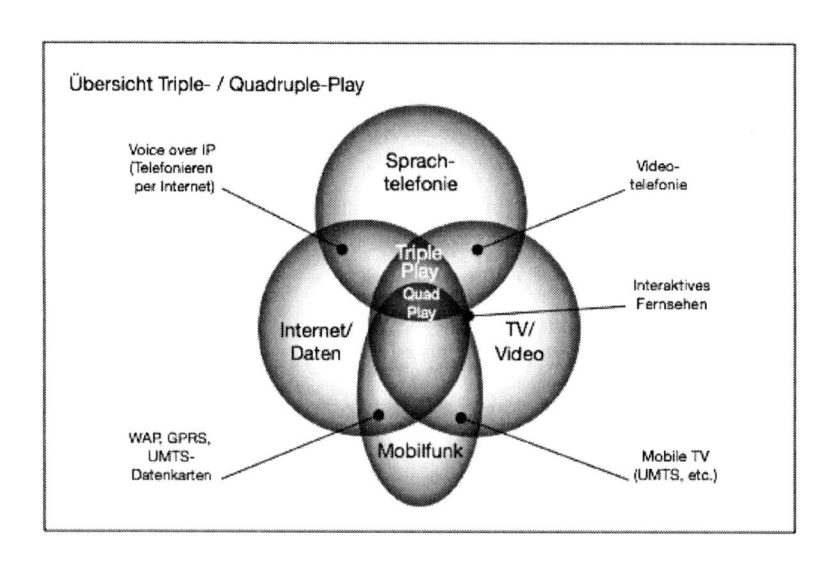

Abb. 9: Übersicht Triple-/ Quadruple-Play
Quelle eigene Darstellung angelehnt an Freybert, A. (2007), S. 13.

„Beim Thema Triple Play treten Festnetz- und Kabelanbieter direkt gegeneinander an und expandieren in den Markt des jeweils anderen"[157], charakterisiert FREYBERG den Wettbewerb, der durch die Marktdurchdringung des Triple Play entstehen wird. Es gibt immer wieder Ansätze, die an das Modell des interaktiven Fernsehens anknüpfen, wie in Abb. 9 an der Schnittstelle von Internet und Fernsehen zu erkennen ist. Der Betrachter wird aber auch an die Feststellung erinnert, dass die Rückkanalfähigkeit der deutschen Kabelnetze durchaus noch ausbauwürdig ist. Die Strukturen für IPTV jedoch seien vorhanden oder auf einem guten Weg. Alles in allem bedarf die deutsche Netzinfrastruktur eines kontinuierlichen Ausbaus. Neue Hochgeschwindigkeitsnetze wie VDSL bieten den breitbandigen Datenfluss, den Triple Play benötigt.[158] Mittlerweile sind viele Triple Play-Anbieter am Markt. Die größten Telekommunikations- und Kabelnetzanbieter haben sich mit entsprechenden Angeboten im Markt positioniert. Dennoch scheint man im Massenmarkt noch nicht angekommen zu sein. Gründe hierfür erläutert HAMANN: „Nehmen Sie z.B. eine Wohnungsgesellschaft, die Beteiligten müssen ihren bisherigen Vertrag allein mit ihrem Fernsehbetreiber, der Telefongesellschaften und ihren Internetprovidern zeitgleich

---

[157] Freyberg, A. (2007), S. 14.
[158] Vgl. ebd., S. 14f.

kündigen, damit ein Anbieter von Triple Play ausgesucht werden kann. Diese Mühe machen sich bisher nur relativ wenige. Noch schwieriger ist es in Eigentümergemeinschaften."[159] Das Angebot T-Home von der Telekom soll in Zukunft billiger werden, um den Anreiz zu erhöhen. Auch ein weiterer Ausbau des VDSL-Netzes steht an.[160] T-Home bietet dem Kunden einen Highspeed-Internetanschluss, VoD-Angebote sowie zahlreiche Basis-TV-Sender über IPTV und DSL-Telefonie. Zurzeit variieren die Preise von 19,90 bis 39,90 Euro.[161] Dies ist schon deutlich niedriger als das von FREYBERG gezeigte Preislevel von ca. 55 Euro. Dennoch äußert der Autor Skepsis wegen der hohen Preise. Die Preisstagnation im französischen Markt bestärkt die Annahme, dass ein allzu hoher Preis auch bei umfassenden Diensten und Services nicht möglich ist.[162] T-Home ist aber ein Angebot der Deutschen Telekom und kann nicht als repräsentativ angesehen werden.

Da der Markt in alle Richtungen offen ist, wird es sicherlich eine gewaltige Angebotsvielfalt geben, wenn sich ein Bundle-Angebot im Stil des Triple Play in irgendeiner Form etabliert hat. 2005 wurde das Marktvolumen auf rd. 76 Mrd. Euro geschätzt. Die Aufteilung ist in der Abb. 10 zu sehen.

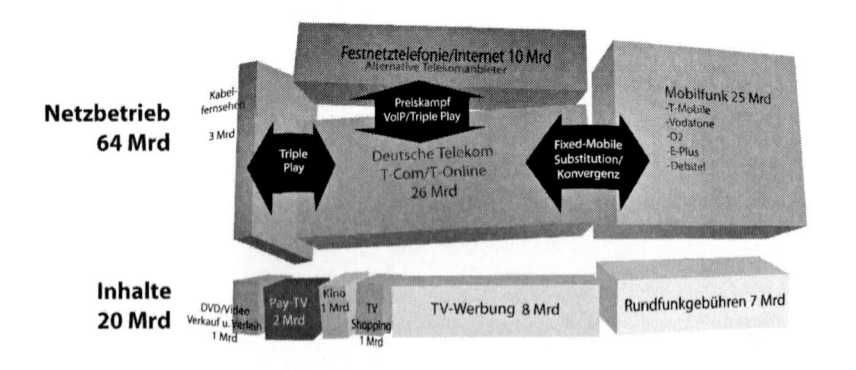

Abb. 10: Marktdurchdringungen und -dynamiken
Quelle: eigene Darstellung angelehnt an Freybert, A. (2007), S. 16.

---

[159] Hamann, G. (2007).
[160] Vgl. Brandel, F. (2007), Neue Tarife für T-Home (Web).
[161] Vgl. o.V. (2007), Pakete und Preise im Überblick (Web).
[162] Vgl. Freyberg, A. (2007), S. 17ff.

Interessant ist dabei die Rolle, die den Inhalten zukommt. Abb. 10 macht deutlich, dass der Prozess der Konvergenz schon extrem weit gegriffen hat.[163] Die Verschmelzung des Bereiches der Festnetztelefonie und der umliegenden Branchen machen deutlich, welche Auswirkungen dieser Prozess auf die jeweiligen Umsätze haben kann. Hier werden auf cross-medialer Diversifikationen versucht. Die Telekom als größter Player im Markt der Netzbetreiber sieht sich zunehmend von der Konkurrenz bedroht. Der Markt der Inhalte wirkt dagegen relativ überschaubar, obgleich die Umsätze keinesfalls zu vernachlässigen sind. Der Bereich Rundfunkgebühren läuft natürlich außer Konkurrenz.

Eine weitere Variante des Triple Play besteht innerhalb des DVB-H-gestützten Mobilfunks und Vertriebs von TV-Content über Rundfunknetze. Hier ist das Triple Play auf die Schiene mobiler Endgeräte übertragen worden, da neben der mobilen Telefonie auch TV- und Internetdienste über die DVB-H-fähigen Endgeräte möglich sind.[164] Technisch ist dies auf der Basis von DVB-H realisierbar.[165] Diese Art der Content-Distribution für mobile Endgeräte bringt wiederum ganz neue Geschäfts- und Wertschöpfungsmodelle mit sich, die in Kapitel 4. der Arbeit intensiver geschildert werden sollen.

3.3 Konvergenter Content

In den vorausgegangenen Teilen der Arbeit sind die technischen Grundlagen, welche die Konvergenzentwicklung mit sich gebracht hat, dargestellt worden. Im Folgenden soll noch einmal auf die Rolle der Inhalte eingegangen werden, die durch die Konvergenz in verschiedenen Formen vertrieben und variiert bzw. speziell angefertigt werden. Ebenfalls soll der Einfluss der Digitalisierung auf verschiedene Medienbereiche kurz angesprochen werden. Ziel ist es, eine Grundlage für die spätere Analyse der Geschäfts- und Erlösmodelle im konvergenten Bereich zu legen, damit eine richtige Einordnung der Rolle des Content in die Erlösstrukturen möglich ist. In diesem Abschnitt wird dennoch keine Grunddefinition von Content erfolgen, da die wichtigsten Punkte in Kapitel 2. schon bearbeitet wurden. Zudem soll das sog. Content Management, also die Verwaltung der sendereigenen Inhalte, kurz angesprochen werden.

---

[163] Vgl. Freyberg, A. (2007), S. 16.
[164] Vgl. Büllingen, F. et al. (2006), S. 1.
[165] Vgl. Kapitel 3.2.1.

Ein Akzent in der Betrachtung liegt in diesem Kapitel auch auf der Konvergenz des Films, da es insbesondere in der weltweit umsatzstarken Filmbranche einen großen Hang zur Digitalisierung gibt. Die nach wie vor sehr kostspieligen Produktionen müssen schließlich durch immer umfangreichere Verwertungskanäle refinanziert werden. Im deutschen Inhaltemarkt ist die Filmbranche jedoch nicht allzu dominant, wie in Abb. 10 ersichtlich ist.

3.3.1 Content und Content Management nach der Digitalisierung

Das Content Management hat im Zuge der Digitalisierung einen Wandel erlebt. Die Anforderungen durch die neue interaktive Handhabung der Inhalte ist ein entscheidender Aspekt in der Mehrfachverwertung von Content. „Nicht nur die Straffung der jeweiligen Wertschöpfungsprozesse in den einzelnen Diensten, sondern ein plattformunabhängiges Informationsangebot basierend auf einem weitgehend integrierten Produktionsprozess für Fernsehen, Internet und digitale Dienste wird (sic!) durch die umfassende Digitalisierung möglich gemacht."[166] Insofern muss der Content auch über mehrere Plattformen hin verwaltet werden. Die Interdependenzen zwischen den einzelnen Prozessen der Produktion nehmen folglich zu, so dass ein integriertes Content Management für die Sender von großer Bedeutung sein kann. An dieses System werden ökonomische, technologische, redaktionelle, dienstspezifische und nutzerspezifische Anforderungen gestellt. Auf allen Ebenen muss das System die Nutzerpräferenzen bedienen und befriedigen. Letztendlich gibt es mehrere Varianten, nach denen ein solches Content Management System ausgerichtet werden kann. Hier können strategische, operative, aber auch technologische Faktoren den Schwerpunkt bilden.[167]

3.3.2. Konvergenz des Films

An dieser Stelle werden die Auswirkungen der Konvergenz auf die Filmbranche und die Bemühungen der TV-Sender, Filmrechte zu erstehen, erläutert. Denn die Entwicklung hat direkten Einfluss auf die neuen tragfähigen Geschäftsmodelle der Sender, die z.B. durch VoD die möglicherweise in Koproduktion hergestellten Inhalte verwerten. Die Entstehung von Fernsehfilmen ist in Kapitel 2. nachgezeichnet worden.

---

[166] Pagel, S. (2003), S. 223.
[167] Vgl. ebd., S. 225ff.

BAUJARD nennt die wichtigsten Vertriebskanäle: „Internet, Video on Demand, Video auf Mobiltelefonen, auf PDA, E/D Kino, Kabel, Satellit, Streamformat oder Downloadformat."[168] Nun müssen die Fragen nach den Zugriffsrechten in Verbindung mit Geschäftsmodellen für diese Art der Inhalte geklärt werden. Für den digitalen Vertrieb von Filmen eignen sich durch die Gefahr von Piraterie und die ungesicherte Refinanzierung der Herstellungskosten nicht die produzierten Filme selbst, sondern vergleichsweise weniger wichtige Nebenprodukte wie Making-of-Footage, Interviewmaterial und Trailer. Außerdem sind Kurzfilme wegen ihrer begrenzten Dauer und limitierten Herstellungskosten eine willkommene Contentart, die digital vertrieben werden kann. Das wird eher als Marketing-Maßnahme angesehen, da einige der oben genannten Produkte Teil der Werbeaufwendungen von großen Spielfilmen sind. Ob ihrer kurzen Dauer sind sie natürlich für die DVB-H- bzw. UMTS-Verwertung auf mobilen Endgeräten optimal.[169] Dennoch muss die Überzeugung des Autors bezweifelt werden, dass Kurzfilme ein umsatzstarkes Geschäftsmodell tragen würden. Da ist der Weg zum Vertrieb von Werbeinhalten sicherlich naheliegender. Dennoch müssen auch auf diesen Vertriebswegen aussagekräftige Inhalte angeboten werden, da das Kundenbedürfnis hier nicht zu unterschätzen ist. Immerhin ist die bisherige Nutzung von DVB-H nicht nur auf Aktivitäten außer Haus angesiedelt.[170] Weitere Fragen werfen die Formatentwicklung für den digitalen Vertrieb und die Zugänglichkeit der Medien auf. BAUJARD schlägt hier eine spezielle Herangehensweise vor, die den Originalinhalten andere Verwertungsmöglichkeiten offen lässt.[171] Dies ist aus wirtschaftlicher Sicht sicherlich die einzige Möglichkeit, weiter tragfähige Geschäftsmodelle im Filmbereich aufrecht zu erhalten. Eine spezifische Entwicklung von Filmen für digitale Endgeräte ist mehr als fragwürdig. Eine spezielle Anpassung an die Anforderungen der Endgeräte erscheint nach wie vor als der richtige Weg. Digitaler Vertrieb heißt schließlich auch, dass der Weg über den DVD-Vertrieb gegangen wird, aber das ist mittlerweile schließlich die konventionelle Wertschöpfung im Filmbereich.
Eine Bedrohung für den digitalen Vertrieb stellt ohne Zweifel die Piraterie dar. Hier gibt es mittlerweile umfassende Regulationen, die in Kapitel 3.5 ausführlicher besprochen werden. Das Digital Rights Management (DRM) ist hier zu nennen, das für

---

[168] Baujard, T. (2005), S. 90.
[169] Vgl. ebd., S. 91
[170] Vgl. Büllingen, F. et al. (2006), S. 7.
[171] Vgl. Baujard, F. (2005), S. 91.

rechtliche Neuordnungen im Eigentums- und Urheberrechtsschutz speziell für digitale Inhalte entwickelt worden ist. Eigentumsschutz durch spezielle Hardware, die zum Abspielen der Inhalte angeboten wird, hat sich nach wie vor nicht durchgesetzt. Verbreitet sind sog. Ländercodes auf Kauf-DVDs. Diese setzen voraus, dass das Abspielgerät den entsprechenden Code lesen kann, um die Inhalte abspielen zu können. Die Zahlungsmoral der Kunden hat im Zuge der Digitalisierung abgenommen. Durch die Möglichkeit des Downloads ist schließlich der Zugang zu den gewünschten Inhalten erheblich erleichtert worden. Hier wird durch neue Vertriebstechnologien dem Kunden suggeriert, den Content nur gegen Zahlung von Gebühren in der gewünschten Form und Qualität erhalten zu können. So werden neue Systeme der Zahlung bspw. über Mobiltelefone genutzt. Eine weitere Herausforderung des digitalen Vertriebs ist die zunehmende Internationalisierung von Vertriebsmöglichkeiten. Durch spezielle Versionierungen von Content wird gegen die Tendenz weg vom regionalen Vertrieb angesteuert. Es werden mehrere Sprachversionen desselben Inhalts angeboten, um internationale Märkte zu erschließen.[172]

Die verschiedenen Hürden, die den Weltvertrieben heutzutage den Verkauf von Inhalten erschweren, werden somit durch immer dynamischere Maßnahmen bekämpft. Das setzt voraus, dass die Vertriebe und Lizenznehmer die Entwicklung der Digitalisierung annehmen und mitgehen müssen. Als warnendes Beispiel ist die Musikindustrie zu nennen, die starke Umsatzrückgänge durch den illegalen Download von Musiktiteln hinnehmen musste. Auch die Filmindustrie ist durch illegale Filmdownloads stark in Mitleidenschaft gezogen worden. Evident ist die zunehmende Kurzlebigkeit der Inhalte. Selbst teure Hollywoodproduktionen gehen immer kürzere Verwertungswege. Dies hat zur Folge, dass manche Filme parallel mit der Kinopremiere schon als DVD erscheinen. Mit der Digitalisierung muss also dem Prozess der Beliebigkeit von Contentarten gegengesteuert werden.

3.4. Regulationen im Bereich der Konvergenzentwicklung

Das Aufkeimen konvergenter TV-Kanäle wirft natürlich die Frage auf, inwiefern der Staat auf derartige Entwicklungen reagiert. Gibt es hier Regulationen, die eine Nutzung einschränken, oder fördert der Staat offen den Umgang mit neuen Technologien? Letzteres scheint plausibel, nur müssen die Landesmedienanstalten für eine gerechte

---

[172] Vgl. Baujard, F. (2005), S. 92ff.

Aufteilung der Sendekapazitäten im Bereich der DVB-Distributionen sorgen. Außerdem sind umfassende Regulierungen in den jeweiligen Ländern in Kraft getreten, die dafür sorgen, dass die Umstellung von analoger auf digitale terrestrische Ausstrahlung von Fernsehprogrammen rechtmäßig vonstatten geht. Interessant ist in diesem Zusammenhang auch die Frage, ob die Rechtsprechung eine Zersplitterung von Content durch oben genannte konvergente Vertriebsformen zulässt.

Des Weiteren haben die Landesmedienanstalten in einem dritten Strukturpapier den Rundfunk als Typus neu definiert und sich von sog. Mediendiensten abgegrenzt. Bevor das Strukturpapier jedoch verabschiedet wurde, hat man sich in der Medienordnung auf die Abgrenzung von vier verschiedenen Angebotsformen der elektronischen Medien geeinigt. Hier wurden die Kategorien Rundfunk, Mediendienst, Teledienst und sog. Telemedien voneinander unterschieden. Wie oben erwähnt, geht es im dritten Strukturpapier um die ersten beiden genannten Kategorien. Es wurde u.a. beschlossen, „dass es für die Einordnung eines Dienstes als Rundfunk nicht entscheidend auf den elektronischen Verbreitungsweg ankommen kann und dass aus den technischen Gegebenheiten eines Dienstes *allein* keine Schlussfolgerung auf seine Positionierung gezogen werden darf. Es darf für die Frage nach der Rundfunkqualität im Zeitalter der Konvergenz nicht auf technische Zufälligkeiten ankommen."[173] Vielmehr spezifiziert den Rundfunk die Art der Information, die über ihn verbreitet wird. Natürlich können hier Unterschiede entstehen, die den Diskrepanzen beim Ausstattungsgrad der verschiedenen Rundfunkanstalten und Sender geschuldet sind. Als Kriterien zur Bewertung eines Mediendienstes als Rundfunkanstalt kommen also die Wirkungsintensität, die redaktionelle Gestaltung, die Realitätsnähe, die Reichweite und Rezeptionsmöglichkeiten der Nutzung, sowie der Grad an Interaktivität durch die Nutzerrückkanäle. Dabei erlaubt hier ein möglichst geringer Grad an Interaktivität eher eine Typisierung als Rundfunk.[174]

In diesem Rahmen bewegt sich die medienrechtliche Einordnung durch den Gesetzgeber. RING sieht die Regulationen der Landesmedienanstalten auf einem guten Weg, um die neuen Technologien und Entwicklungen zu unterstützen. Dennoch sieht er das Problem, „dass rückständige Regulierungsansätze, die in eine zukunftsorientierte Medienordnung nicht mehr passen, auch Markterschließungen erschweren und neue Geschäftsmodelle unmöglich machen können."[175] Zudem plädiert er für die Aufnahme

---
[173] Ring, W.D. (2004), S. 179.
[174] Vgl. ebd., S. 180.
[175] Ebd., S. 185.

eines Regelfalls, der das interaktive Fernsehen als Mediendienst ausweist, um Klarheit zu schaffen. Gleiches gilt für VoD- und Near-VoD-Modelle, was bedeuten würde, dass sie aus dem Rundfunk herausgelöst würden. Beim interaktiven Geschäftsmodell des Senders 9Live wünscht sich der Autor mehr Klarheit durch den Gesetzgeber, da Quizsendungen das staatliche Lotteriemonopol tangieren und hier Telefongebühren zur Sendungsfinanzierung herangezogen werden. Auch eine Gebührenpflicht für Computer lehnt RING ab, da sie ein Hemmnis für neue Entwicklungen darstellen könnten.[176] Da aber mittlerweile genau diese vom Gesetzgeber beschlossen wurde, muss sicherlich geprüft werden, welchen Einfluss dies auf die technischen Entwicklungen von multimedialen Mehrdiensten haben kann.[177]

Weitaus kritischer sieht KARSTENS die Einstufung der digitalen TV-Angebote als Mediendienste. „Diese Entwicklung wird von den Medienanstalten selbst, aber auch von der Politik mit einer gewissen Nervosität gesehen – bedeutet geringere öffentliche Kontrolle doch zugleich auch, dass den Aufsehern selbst und den Parteien immer weniger Möglichkeiten zur Verfügung stehen, auf die Sender Einfluss zu nehmen"[178], so die einleuchtende Begründung der Gefahren des latenten Kontrollverlusts durch die Behörden, was auch politische Ziele bei der Einflussnahme auf TV-Sender impliziert. Zudem sieht er den Widerstand der KEK gegen die Übernahme der ProSiebenSat.1 durch den Axel Springer Verlag als ein letztes Aufbäumen der Kontrollinstanzen, die einem insgesamt veralteten Medienrecht aufsitzen.[179]

3.5 Urheberrecht im Zuge der Konvergenz

Der Urheberschutz für konvergente Medien unterscheidet sich gar nicht so deutlich von den bisher gültigen Richtlinien. FRINGUELLI weist darauf hin, dass es entgegen vieler Annahmen überhaupt keine Internet- und Online-Rechte gibt.[180] Fraglich ist auch, ob interaktive vertriebene Inhalte bspw. über Pay-TV als eine neue Nutzungsart angesehen werden, denn dann würde eine neue Rechtsprechung erforderlich sein und es würden sich somit die Nutzungs- und Verwertungsrechte ändern.

Durch die technische Distribution der Inhalte entsteht für den Endverbraucher keine Umstellung in der Nutzung gegenüber frei verfügbaren TV-Inhalten. Kunden, die Pay-

---

[176] Vgl. Ring, W.D. (2004), S.185f.
[177] Vgl. o.V. (2007), GEZ – Gebührenpflicht (Web).
[178] Karstens, E. (2006), S. 203.
[179] Vgl. ebd., S. 203f.
[180] Vgl. Fringuelli, P. (2004), S. 81.

TV-Dienste beziehen, können alle gleichermaßen am Konsum teilnehmen. Die Ausstrahlung erfolgt für alle im gleichen Grad der Zugänglichkeit.[181] Ähnliches gilt für VoD-Modelle, die über das Internet vertrieben werden. Auch hier werden folglich keine neuen Nutzungseigenschaften geschaffen, da die Nutzung für alle bezahlenden Nutzer die gleiche ist.

Wie oben erwähnt, gilt seit geraumer Zeit das Digital Rights Management (DRM) als Regulation zum Urheberrechtsschutz. Da die digitalen Medien besonders im Musikgeschäft ein Umdenken und vor allem große Umsatzverluste durch unkontrolliertes Kopieren von urheberrechtlich geschütztem Eigentum mit sich brachten, wurde es notwendig, solch ein System einzuführen.[182] „Eine Vielzahl ineinander greifender technischer Schutzmaßnahmen soll dem Anbieter ermöglichen, seine Inhalte auf sicherem Weg zum berechtigten Nutzer zu übertragen, und gleichzeitig verhindern, dass unberechtigte Dritte die Inhalte ebenfalls nutzen können."[183]

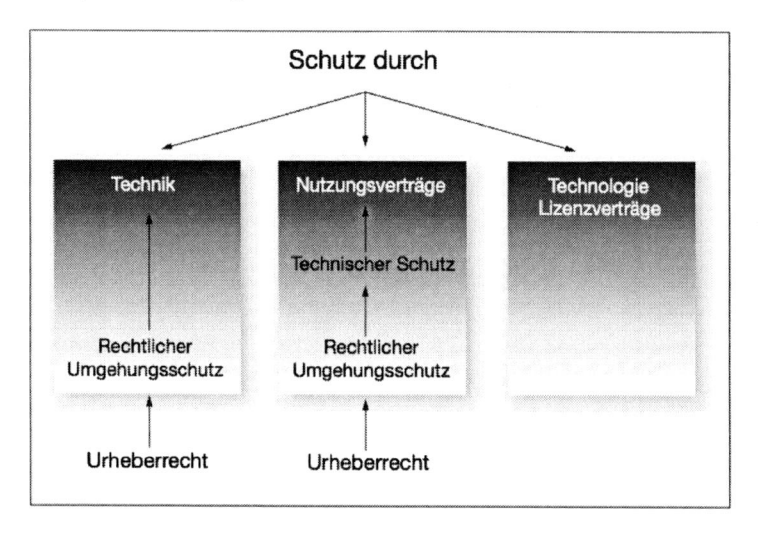

Abb. 11: Unterschiedliche Schutzmechanismen in DRM-Systemen
Quelle: eigene Darstellung angelehnt an Bechtold, S. (2004), S. 337.

Das DRM funktioniert folglich sowohl auf Hardware- als auch auf Softwarebasis. Weitere Ebenen der DRM-Systeme erschließen sich aus Abb. 11.

---

[181] Vgl. Fringuelli, P. (2004), S. 103f.
[182] Vgl. Karstens, E. (2006), S. 55; Bechtold, S. (2004), S. 333.
[183] Bechtold, S. (2004), S. 334.

Hardwarebasiertes DRM kennt man bspw. vom Kopierschutz gekaufter Compact Discs (CD). Im Bereich des TV-Content-Schutzes kommt DRM sicherlich bei kopiergeschützten Digital Versatile Discs (DVD) am meisten zur Geltung. Auch der Datentransfer vom Player auf Consumer-Videokameras ist oft blockiert. Für verschiedene Fernsehgeräte, die mit dem HD-Standard ausgestattet sind, gibt es das Sicherungssystem High Bandwidth Digital Content Protection (HDCP). Dieses System funktioniert über einen Chip, den alle Geräte, die mit dem HD-System kompatibel sein sollen, in sich tragen müssen. Ohne den Chip wird das Signal nicht auf etwaige Recorder- oder Receivermedien übertragen und kann nicht verwertet werden. Im Grunde ist dies mit einem Kopierschutz vergleichbar. So können HD-Anbieter sichergehen, dass ihre Signale nicht ohne weiteres vervielfältigt werden können. Softwarebasiertes DRM funktioniert mit den MacOS und Windows-Betriebssystemen entsprechend mit einer Blockade von Inhalten, deren verschlüsselte Sicherungssoftware einen für die jeweiligen Inhalte eingerichteten Code nicht erkennt, sofern dieser denn überhaupt vorhanden ist.[184] „In Form eines Abonnements erhält der Nutzer z.B. für alle Inhalte, die er von einem bestimmten Dienst bezogen hat, zeitlich befristete Lizenzen für den jeweiligen Abo-Zeitraum."[185] Nun steht dem Nutzer frei, für einen bestimmten Zeitraum die Nutzungsrechte an den gewünschten Inhalten zu erwerben. Derartige Abonnements können nach persönlichen Vorlieben verlängert werden.

Probleme beim DRM können speziell bei der Blockade von rechtmäßig erworbenen Inhalten auftreten, wie sie bei manchen Geräten und Betriebssystemen vorkommen kann. Außerdem ist die konsequente Durchsetzung von DRM immer von den Produktionsunternehmen und Rechte-Anbietern abhängig. Wenn hier Änderungen in der Produktsicherungspolitik vorgenommen werden, kann dies Auswirkungen auf die Nutzung der Inhalte durch die Endkunden haben, falls Geräte nicht mehr kompatibel sind und der Content andersartig verschlüsselt sein sollte. Auch beim Datenschutz kann es zu Problemen der Transparenz kommen, da Rückschlüsse über persönliche Daten des Nutzers aus den Nutzungspräferenzen hervorgehen könnten. Diese werden oft online an das DRM-System übertragen. Hier ist die Kontrolle der Systeme nicht einfach.[186] Insgesamt ist DRM aber auch rechtlich verankert. Weltweite Urheberrechtsnivellierungen bieten dem DRM einen umfassenden rechtlichen Rahmen. Auch für die Entstehung neuer Geschäftsmodelle kann DRM durch seine flexible

---

[184] Vgl. Karstens, E. (2006), S. 56ff.
[185] Ebd., S. 59.
[186] Vgl. ebd., S. 60ff.; Bechtold, S. (2004), S. 337.

Anpassung an die Inhalteanbieter nützlich sein.[187] Daher ist die neue Entwicklung, die es in der Handhabung der Kopierschutzsysteme gegeben hat, sehr überraschend. Denn der Musikkonzern EMI bietet neuerdings Musiktitel ohne DRM in dem von Apple betriebenen Online-Musikstore iTunes an.[188] Dies hat den Anschein von Resignation gegenüber der weltweiten Musikpiraterie. Folglich wird aber auch der Nachteil, dass DRM das Abspielen der rechtmäßig erworbenen Musiktitel auf manchen Musikplayern verhindert, aufgelöst.

3.6 Die Wahrnehmung und Nutzung durch den Rezipienten

Die Wahrnehmung durch den Rezipienten ist im Zuge der konvergenten Entwicklung digitaler und interaktiver Medien zunächst nicht großartig verändert worden. Im Jahr 2004 wurde die aktive Nutzung von „interaktiven" Medien immer noch rudimentär wahrgenommen. Für das Internet galt, dass hauptsächlich Emailing-Funktionen genutzt wurden. Demgegenüber stand eine nach wie vor hohe Nutzung von vorgefertigten Zeitungen, wie SCHÖNBACH es ausdrückt.[189]
Die durchschnittliche TV-Sehdauer von 220 Minuten pro Tag zeigt auch, dass hier zusammen mit dem Hörfunk, der ähnliche Werte erreicht, die Dominanz nach wie vor bei der passiven Nutzung dieser Medien liegt. Ein Interaktionsbegriff, der oben definiert wurde, schließt Medien ohne konkreten Rückkanal aus und setzt zudem als Kriterien ein einigermaßen ähnliches Maß an Kontrolle durch beide Seiten voraus. Also kann der Begriff der Interaktivität nicht beim konventionellen Fernsehen mit dem „Rückkanal" der Fernbedienung geltend gemacht werden, was aber auch bedeutet, dass sich ein gewisses Maß an Aktivität durch den Nutzer nicht leugnen lässt.
Dennoch kann hier von einem interaktiven Publikum nicht die Rede sein, wie SCHÖNBACH feststellt. So sei die mangelnde Interaktivität in den letzten Jahren keineswegs den fehlenden Angeboten anzulasten, sondern die Nutzung würde im Grunde bewusst passiv gestaltet. Hier soll aber im Umkehrschluss nicht auf Apathie geschlossen werden, vielmehr wisse das Publikum um die Passivität, gleichzeitig habe es aber eine klare Vorstellung von den Informationen, die es konsumieren möchte. Die

---
[187] Vgl. Bechtold, S. (2004), S. 335ff.
[188] o.V. (2007), Schlaraffenland für Piraten? – EMI schafft Kopierschutz ab (Web).
[189] Vgl. Schönbach, K. (2004), S. 114.

Vorauswahl von Informationen durch die Sender wird somit auch weiterhin für das Publikum von entscheidender Bedeutung sein.[190]

Insgesamt fällt die Prognose von SCHÖNBACH ambivalent aus. Selektivität von Informationen sei in Zukunft die Grundlage der Mediennutzung. Eine Verschleppung von Eigenschaften der älteren Generationen, die angeblich nicht mit den neuen multimedialen Diensten umgehen können, sei nicht der Grund für die anhaltende Passivität der Nutzer. Im Gegensatz zur reinen „Berieselung" sei dennoch der Trend zur Selektion von Medien gegeben. Hier rücken die Unique Selling Propositions (USP) der einzelnen Medien, das spezielle Verkaufsversprechen eines Produktes[191], stärker in den Fokus des Publikums. Gefordert sei nicht ein breifflächiges Angebot von verschiedensten Informationen, da in diesem Fall der Informationsgehalt an Tiefe einbüßen würde.[192] An dieser Stelle wird deutlich, dass ein interaktives und multimedial geschultes Publikum, welches die Nutzung von Medien über die aktive Teilnahme an ihnen definiert, in dieser Form vermutlich vorerst nicht entstehen wird. „Für die Entwicklung der elektronischen Medien ist aber nicht so sehr entscheidend, was technisch machbar ist, sondern ob diese Möglichkeiten tatsächlich genutzt werden. [...] es kommt zu Fehlschlüssen, indem zum Beispiel die Einstellungen und Verhaltensmuster der technikbegeisterten *early adopters* auf die Allgemeinheit übertragen werden."[193] Die Wirkung eines multimedialen Tools auf das Publikum wird immer erst über die Verständlichkeit bei gleichzeitigem Nutzen bewertet. Für die Nutzer kann eine solche Plattform nur dann interessant sein, wenn Mehrwert mit der persönlichen Bedürfniserfüllung einhergeht. Aus den Experteninterviews wurde deutlich, dass es den jüngeren Generationen durchaus zugetraut wird, sich zu einem mulitmedial geschulten Publikum zu entwickeln. An eine derartige Wandlung der Älteren wird weniger geglaubt.

---

[190] Vgl Schönbach, K. (2004), S. 116f.
[191] Zur Definition von USP vgl. Heinrich, J. (1999), S. 562.
[192] Vgl. Schönbach, K. (2004), S. 119f.
[193] Plake, K. (2004), S. 348.

4. Qualitative Befragung zu neuen Erlösmodellen im deutschen Privatfernsehen

4.1. Untersuchungsmethode und Fragestellung

Die qualitative Befragung von Experten im Bereich neuer Medien wurde anhand der vorausgegangenen Erkenntnisse bezüglich des Wandels in den Erlösstrukturen des privaten Fernsehmarktes erstellt. Die Fragestellung resultiert somit aus dem Zusammenspiel der technischen und wirtschaftlichen Komponenten, die für die Sender von Bedeutung sind. Im Einzelnen heißt das, dass die Überprüfung von Hypothesen und den diesen zugrunde liegenden Entwicklungsstrukturen vorgenommen werden soll.

Die Fragestellung bezieht sich also zunächst im weitesten Sinne auf die Zukunft des Fernsehens im Allgemeinen, um dann konkreter auf die speziellen Fachgebiete der Experten einzugehen. Als Experten wurden Personen aus ausführenden Bereichen von privaten TV-Unternehmen (Manfred Neumann, Leiter Mobile, Seven Senses und Alexander Kolisch, Business Development, SevenOne Intermedia, Unterföhring), einer Unternehmensberatung für digitales und interaktives Fernsehens (Kai Wengenroth, Consultant, [tbb*] thebrainbehind kg Unternehmensberatung, München) und aus der Wirtschaftsredaktion einer großen deutschen Wochenzeitung (Götz Hamann, Ressort Wirtschaft, Die Zeit, Hamburg) ausgewählt. Auf Grund der begrenzten zeitlichen Ressourcen zur Erstellung des Forschungsdesigns wurde von einer breiter angelegten empirischen Befragung abgesehen. Die Fragen wurden den Experten in telefonischen Interviews gestellt, um eine allzu statische und einseitige Beantwortung zu vermeiden. Außerdem konnten so gemäß der Dynamik der Gespräche ggf. bestimmte Themenbereiche ausführlicher erörtert werden.

Abhängig vom jeweiligen Tätigkeitsbereich der Personen wurden die Fragen spezifisch formuliert. Die Fragen lassen sich in drei Kategorien einteilen. In der ersten Kategorie werden allgemeine Themen abgehandelt, die für eine Einordnung in die Fragestellung dienen sollen. In der zweiten Kategorie der Fragen geht es um technische Umsetzungen der durch die Sender angebotenen digitalen Dienste. Hier wurde auch abhängig vom Gesprächspartner die jeweilige Richtung vorgegeben. Die dritte Kategorie ist ökonomischer Natur. Hier erörterten die Experten Geschäftsmodelle und Erlösstrukturen in dem Rahmen, wie sie realisiert wurden. In allen drei Kategorien wurden außerdem Fragen zu zukünftig erwarteten Entwicklungen gestellt. Im Folgenden sind einige Beispielfragen aufgeführt, wie sie so oder ähnlich in den Interviews gestellt wurden.

Beispielfragen:

1. *Kategorie*: Wie stellen Sie sich das Fernsehen der Zukunft vor? Welche Auswirkungen hat das auf die Nutzer? Wird Konvergenz auch der Trend der Zukunft sein?
2. *Kategorie*: Wie sehen Sie die Entwicklung bei Mobile TV? Wie wird Maxdome angenommen? Welche Rolle spielt IPTV dabei?
3. *Kategorie*: Ist VoD langfristig finanziell tragbar? Hat Mobile Services schon tragfähige Erlösmodelle hervorgebracht? Wie funktioniert das Geschäftsmodell aus ihrer Kooperation mit MyVideo?

4.2 Bewertung der Antworten

Der repräsentative Charakter der Antworten ist durch die begrenzte Zahl der Interviewpartner einerseits und die unterschiedlichen Tätigkeitsbereiche der Experten andererseits sicherlich nicht als allgemeingültig einzuschätzen. Auch die Tatsache, dass hier bis auf eine Ausnahme nur Personen aus der Praxis befragt wurden, erfordert eine differenzierte Sichtweise bei der Beschäftigung mit den Aussagen. Insgesamt sind diese als persönliche Meinungen der Befragten zu werten, die auf Grund ihrer Erfahrung aus dem täglichen Umgang mit der Materie umfangreiche Erkenntnisse ableiten können. Auffällig während der Befragung war, dass die Gesprächspartner, die in Teilbereichen einer großen privaten Sendergruppe arbeiten, kürzere, prägnantere Antworten lieferten, jedoch auch nur begrenzt Auskunft über die Zustände des eigenen Betriebs gaben. Insgesamt theoretischer fielen die Antworten des Journalisten und des Analysten und Unternehmensberaters aus. Dies erklärt sich natürlich durch die objektivere Sicht auf die Vorgänge innerhalb der Branche. Dementsprechend finden die Bewertung und Auswertung der Fragen in Rahmen des nächsten Kapitels statt. Hier sollen die Antworten die Thesen über die neuen digitalen Erlösmodelle innerhalb der Fernsehbranche untermauern. Teile der Interviews sind auch schon in vorherigen Kapiteln der Arbeit integriert, wo es sinnvoll erscheint. Im Einzelnen geht es also um die Themengebiete Mobile TV, iTV, VoD-Modelle, Triple Play, User-Generated-Content-Plattformen und zukünftige Entwicklungen im Nutzerverhalten der Fernsehbranche.

5. Veränderte Erlösstrukturen durch die Konvergenz

Durch die Konvergenz sind klare Veränderungen in den Erlösstrukturen der Fernsehsender zu Tage getreten. Die in den vorausgegangenen Kapiteln benannten und erläuterten unterschiedlichen technischen Modelle bieten in verschiedenen Ansätzen die Grundlagen für neue Geschäftsmodelle von Fernsehsendern. Die großen Senderfamilien sind hier naturgemäß klar im Vorteil, da große Investitionen in neue Technologien gesteckt werden können. Kleinere Sender gehen oft gar mit neuen Modellen an den Markt, um nicht hauptsächlich vom gesättigten TV-Werbemarkt abhängig zu sein. Auch für die Senderfamilien ist dies der große Anreiz, um auf die Diversifikation zu setzen.

Die Bestrebungen der Regulationseinheiten im deutschen TV-Markt, eine möglichst vielfältige Mediennutzung zu erreichen, die von einem ebenso vielfältigen Medienangebot in Deutschland profitiert, rücken bei den privaten Medienkonzernen verständlicherweise in den Hintergrund. Die Frage, ob die Entwicklungen zu einem interaktiven Publikum, das sich u.a. durch die Rückkanalfähigkeit von Fernsehen sein eigenes Medienpaket schnüren kann, tatsächlich in dieser Form stattfinden, hängt zum einen an der Bereitschaft der Fernsehsender, ihre Inhalte immer weiter den Nutzern anzupassen und diesen eine gewisse Kontrolle zur Gestaltung zu geben. Zum anderen spielt offensichtlich die demographische Entwicklung unserer Gesellschaft eine tragende Rolle, insbesondere für die öffentlich-rechtlichen Sendeanstalten, da hier ein Publikum zum Kern der Bevölkerung wird, das die alten Fernsehstrukturen gewohnt und in seiner Lernfähigkeit bezüglich neuer technischer Vorraussetzungen sicherlich begrenzt ist. Dennoch probieren auch die Öffentlich-Rechtlichen neue Wege der Distribution aus, deren Bedeutung nicht unterschätzt werden darf. Durch die der Konvergenz gesonnenen Landesmedienanstalten haben sie einen starken Rückhalt, schließlich ist ihnen die sukzessive Umrüstung des deutschen Antennennetzes auf DVB-T zu verdanken. Dass den Privaten vor dem Hintergrund der Gewinnmaximierung und Umsatzsteigerung die digitalen Distributionswege immer wichtiger werden, verdanken sie, wie oben erwähnt, wohl dem gesättigten Werbemarkt. Dennoch überwiegt in vielerlei Hinsicht vermutlich die Skepsis ob der boomenden Internet-Broadcasting-Kanäle und User-Generated-Content-Plattformen und des sog. Web 2.0[194], da der letzte New Economy-Boom vor etwa fünf Jahren ein jähes Ende genommen hat.

---

[194] Zur Definition von Web 2.0 vgl. O'Reilly, T. (2007), What is the Web 2.0? (Web).

Dies alles sind Faktoren, die Einfluss auf die neuen Erlösmodelle der Fernsehunternehmen haben. Im folgenden Kapitel sollen diese dargestellt und untersucht werden. Ein besonderes Augenmerk soll vornehmlich auf der Rolle von Content und dem Einfluss der Konvergenz liegen. Immer ausgehend von der Frage nach dem Fernsehen der Zukunft werden sich die tragfähigsten Entwicklungen herauskristallisieren.

5.1 Veränderte Erlösmodelle

Die veränderten Erlösmodelle und damit einhergehende Erlösformen in der Medienbranche sind hauptsächlich durch den Wunsch der Sender nach mehr Unabhängigkeit vom Werbemarkt entstanden. „Die klassischen Erlösformen des Mediensektors waren nicht nur Folge marketing- und insbesondere preispolitischer Überlegungen, sondern auch eine Konsequenz eingeschränkter technischer Möglichkeiten. Neue Medien heben diese Beschränkungen zumindest teilweise auf."[195] Es haben sich insgesamt vier Richtungen herausgebildet, denen eine durchaus Erfolg versprechende Entwicklung prophezeit wird. Zwar sind diese Kategorien gemäß der Konvergenz eng miteinander verknüpft, was eine klare Trennung nicht immer einfach macht, dennoch sollen sie einzeln besprochen werden. Im Folgenden sind die Richtungen aufgeführt.[196]

- *Interaktive, rückkanalfähige Geschäftsmodelle*, die im weitesten Sinne als interaktives Fernsehen bezeichnet werden können. Diese Modelle entsprechen i.d.R. nicht der ursprünglichen Bedeutung des MHP-basierten interaktiven TV-Standards. Features wie EPG und PVR spielen für den Faktor Interaktivität eine entscheidende Rolle.

- *Pay-TV* und *Video-on-Demand*: hier ist im weitesten Sinne Bezahlfernsehen gemeint. Das klassische Pay-TV-Modell steht neben den Alternativen NPPV, PPV und VoD. NPPV und PPV sind i.d.R. in Pay-TV-Strukturen integriert, VoD wird vielfach auf unabhängigen Plattformen angeboten. Diese Formen der Erlösgenerierung sind auch durch den direkten Inhaltevertrieb gekennzeichnet.

---

[195] Hass, B. (2004), S. 48.
[196] Die Erlösmodelle Call-In und Teleshopping werden hier vernachlässigt.

- *Mobile TV*: in diese Kategorie gehören alle Bemühungen der Fernsehsender, basierend auf den weitgehend genormten Standards DMB, DVB-H und UMTS, mobile Endgeräte mit Inhalten zu versorgen. Diese Form der Diversifikation impliziert eine Abhängigkeit von den Endgeräteherstellern, die die nötige Hardware zur Nutzung der Inhalte anbieten müssen. Mobile TV ist größtenteils als direkte Erlösform geplant, die dem Anbieter eine klare Zuordnung von Erlösen und angebotenem Content ermöglicht.

- *User-Generated-Content-Plattformen*: derartige Plattformen erleben im Augenblick einen enormen Boom. Wie sich zeigen wird, existieren klare Wertschöpfungsstrukturen und Geschäftsmodelle für diese Plattformen noch nicht. Hier gilt es im Bezug auf die Wirtschaftlichkeit herauszufinden, wie stabil diese Plattformen in Zukunft sein werden, wenn die erste Euphorie sich gelegt hat.

Diese vier Kategorien sollen als Grundlage für die nachstehende Untersuchung dienen. Wie schon im bisherigen Verlauf der Arbeit ist auch hier die Rolle des Content für die Erlösmodelle elementar. In dieser Hinsicht werden die Interdependenzen der neuen Erlösmodelle und dem angebotenen Content entscheidend. Übergeordnete Abhängigkeitsverhältnisse durch den Inhaltemarkt treten hier in Ansätzen ebenfalls auf. Auffällig ist vielleicht das Fehlen von Triple Play, wo es doch zurzeit so gepusht wird. Da Triple Play aber eher ein Brand, als eine wirtschaftliche Kategorie ist, spielt es sicherlich in alle oben genannten Entwicklungen mit rein. Aus diesem Grund wurde auf eine separate Kategorisierung von Triple Play verzichtet.

5.1.1 Interaktives Fernsehen im weitesten Sinn, Internet-TV und dazugehörige neue Vertriebskanäle

Zum Einstieg in diesen Bereich und zur Verdeutlichung der Interdependenzen von iTV und den anderen oben genannten Bereichen ist an dieser Stelle eine Feststellung von ECKSTEIN aus dem Jahr 2005 sinnvoll. Er konstatiert, „dass iTV in Europa mittlerweile ein weites Feld mit einer großen Vielfalt an Systemen ist. Sie werden zum Teil Plattform-übergreifend in den Bereichen analoges Fernsehen, digitales Fernsehen,

IPTV, Mobile-TV und Mobilfunk eingesetzt."[197] Dennoch wird auch hier der Erfolg der Plattform MHP in Frage gestellt, obwohl durchaus versöhnliche Prognosen gestellt werden. Fakt ist jedoch, dass MHP keine breite Basis in der deutschen Fernsehlandschaft erwerben konnte. Interaktive Fernsehangebote wie Blucom und andere Anbieter von interaktiven Diensten, die Ende 2005 gestartet sind, führen immer noch ein eher marginales Dasein in der heutigen Fernsehlandschaft, auch wenn sie in der Breite zugenommen haben und von vielen bedeutenden Sendern in Anspruch genommen werden.[198] NEUMANN findet deutlichere Worte als Antwort auf die Frage, wie denn iTV aus heutiger Sicht zu beurteilen sei: „Also es gibt kein interaktives Fernsehen derzeit. Es gab mal so ein paar Geschichten, die da angedacht waren, aber derzeit ist es in Deutschland nicht möglich. [...] Es gab mal MHP, aber das ist alles nicht über den Preis-Status hinausgekommen."[199] Hier spiegelt sich klare Resignation bezüglich der Pläne eines rückkanalfähigen, den Nutzer zur Interaktion drängenden, Fernsehmodells wieder. Zu berücksichtigen ist auch die Tatsache, dass Neumann zurzeit den Bereich des Mobile TV erschließt und auch deshalb dem iTV keine Zukunftschancen einräumt. Erstaunlich ob der optimistischen Prognosen, die noch vor einigen Jahren in diesem Bereich aufgestellt wurden. Auch KOLISCH sieht hier ähnliche Tendenzen: „Was ist denn iTV? Jeder definiert es anders. Als rückkanalfähiges digitales Fernsehen ist es sicherlich interessant, aber alle angedachten Modelle wurden nicht realisiert. Insofern ist iTV als Geschäftsmodell erst interessant, wenn es greifbar wird."[200] Es scheint, als ob die anfängliche branchengeschlossene Zuversicht mittlerweile tatsächlich verhaltener ausfällt. HAMANN präzisiert: „Diejenigen, die ein Media-Center (*technische Infrastruktur zur Nutzung von multimedialen Angeboten, Anm. d. Verf.*) benutzen werden und insofern ein Fernsehsignal oder bewegte Bilder über Internet in ihr Haus leiten, die brauchen kein MHP. [...] Bei denjenigen, die Satellit oder Kabelfernsehen nutzen, macht es Sinn [...], weil sie einfach nicht im Netz die Möglichkeit haben, auf unendlich viele Plattformen zuzugreifen."[201] Hier sind die Chancen durch neue Vertriebswege von medialen Inhalten schon angeklungen. Aber obwohl ein gemeinsamer Standard für interaktive Plattformen wie MHP durchaus wünschenswert ist, geht die private Fernsehbranche zurzeit erlöstechnisch komplett andere Wege. Frischen Wind in die Branche der interaktiven Fernsehapplikationen

---

[197] Eckstein, E. (2005b), S. 48.
[198] Vgl. ebd., S. 48; o.V. Blucom interactive – FAQ (Web).
[199] Neumann, M. (2007), s. Anhang, S. 83f.
[200] Kolisch, A. (2007), s. Anhang, S. 87.
[201] Hamann, G. (2007).

bringt sicherlich die Entwicklung im Bereich IPTV. Erlösmöglichkeiten entstehen hier vor allem durch den Vertrieb. „IPTV ist einfach ein neuer Distributionskanal."[202] Zwar ist diese Aussage im Zusammenhang mit VoD-Modellen zu verstehen, dennoch repräsentiert sie das Selbstverständnis in Teilen der Branche. Für den indirekten Vertrieb von TV-Inhalten ist IPTV sicherlich nicht an erster Stelle einzuordnen, da ein Aufbau der Sendestrukturen für die Sender zunächst Kosten bedeutet. Die Idee des iTV jedoch, dass ein vollständig konvergentes Fernsehen entsteht, ist in nächster Zeit durch die geringe Nutzung der Endverbraucher nicht zu erwarten. IPTV wird weiterhin ein interessanter Vertriebsweg von Inhalten sein, über den Kunden VoD-Angebote nutzen können. Zwar wird der Durchbruch dieser Art des Internetfernsehens seit einigen Jahren angekündigt und mittlerweile verhaltener betrachtet, aber dennoch kristallisieren sich zunehmend klare Erlösmodelle in diesem Bereich heraus.[203]

Darüberhinaus ist das Streaming von Videoinhalten über das Internet in großem Maße für alle Fernsehsender und Sendeanstalten bedeutsam geworden. Die Redaktion der Tagesschau nutzt diese Möglichkeit z.B. seit längerem zur Übertragung des eigenen Formats über das Internet.[204] Manche kleineren Privatsender für Ballungsräume mit begrenzter Reichweite nutzen diese Technik, um über das Internet neue Zielgruppen zu erschließen, die z.B. nicht im Sendegebiet wohnen.

Der Begriff des Podcasting muss hier zwangsläufig eingeführt werden, da er seit einigen Jahren für die kostenlose Verbreitung und Abonnierung zunächst von Audio- und später von Videoinhalten über das Internet steht. Dieses Konzept kleiner Videoinhalte, die regelmäßig erneuert werden, ist mittlerweile von so gut wie allen TV-Sendern auf ihren Internetauftritten realisiert worden. Manchmal, aber eher selten wird hier der Begriff „Vodcasting" für Video-Podcasts benutzt.[205] Oft werden diese Clips mit Inhalten des aktuellen Sendebetriebs ausgestattet. Podcasts haben mittlerweile eine extrem hohe Nutzergruppe und dementsprechend auch eine hohe Reichweite. Hier bieten sich viel versprechende Werbeerlösmodelle für die Podcast-Anbieter an.[206] Es ist anzumerken, dass bei Podcasts der Gedanke der Interaktivität des Fernsehens nicht bedient wird. Man kann und muss Podcasts als neuen Distributionskanal sehen. In welche Richtung er sich entwickelt, bleibt abzuwarten. Werbeformen sind durchaus denkbar, auch

---

[202] Kolisch, A. (2007), s. Anhang, S. 86.
[203] Vgl. Merschmann, H. (2007), IPTV kommt – jetzt aber wirklich! (Web).
[204] Vgl. o.V. (2005), Fernsehen im Internet: Streaming-Angebote der ARD (Web).
[205] Vgl. Breunig, C. (2006), S. 3.
[206] Vgl. Wunschel, A. (2007), S. 163ff.

kostenpflichtige Podcasts sind schon länger auf dem Markt.[207] Dazu auch WENGENROTH: „Sobald ein einzelner Podcast eine hohe Relevanz erreicht, dass es für die Werbewirtschaft interessant wird, wird das mit Sicherheit auch zu einer Vermarktung der Podcasts führen. Da werden die Fernsehsender zunächst wahrscheinlich noch aufpassen, dass sie damit nicht ihr normales Geschäft kannibalisieren."[208]

Analysten gehen davon aus, dass sich der Markt für Internetdistribution von TV-Inhalten in einigen Jahren Milliardenumsätze erwirtschaften wird. Gewarnt wird aber zudem vor einer Torpedierung der eigenen konventionellen Distributionskanäle. Hier könnte der Internetdienst eines Senders dem klassischen Programm das Wasser abgraben. In Zukunft könnten hier aber vermehrt auch Abo-Strukturen entstehen.[209]

Der Computerhersteller Apple macht sich diesen Trend zu Nutze, indem er eine Set-Top-Box mit dem Namen „Apple TV" für breitwandfähige Fernsehgeräte auf den Markt bringt. Hier soll vor allem die Nutzung von Videoinhalten, die über das Internet empfangbar sind, ermöglicht werden. Das Gerät weist noch einige Mängel in der Kompatibilität mit verschiedenen Videoformaten und Fernsehgeräten auf. Auch hat es Kritik gegeben wegen der einseitigen Nutzerabhängigkeit des Gerätes von der Apple-Software „iTunes", welche u.a. maßgeblich für die Verbreitung von Podcasts verantwortlich ist – iTunes bietet einen Online-Shop für Musiktitel, welcher in den USA bereits im Stile von VoD mit Videoinhalten ausgestattet worden ist.[210] Dennoch ist Apple TV für den Hersteller ein Weg, aus dem Thema Konvergenz Kapital zu schlagen.

Es zeigt sich, dass trotz der Konvergenzbemühungen noch immer eine große Vielfalt von indirekten Content-Vertriebskanälen der Fernsehsender herrscht. Das ist grundsätzlich zu begrüßen, jedoch wird die Konvergenz dadurch auch ein Stück weit unterwandert. Der lang gehegte Traum vom rückkanalfähigen Fernsehen bleibt zwar bestehen, nur ist er zurzeit nicht in der Form greifbar, wie er schon lange geträumt wird. Ihm stehen einfach zu große finanzielle Anstrengungen bei zu geringen Nutzerzahlen gegenüber.

Ein Versuch, in diesen Markt einzusteigen, ist der Versuch über eine rückkanalfähige Fernbedienung die Kunden zu Interaktivität aufzufordern. Das Modell heißt Betty und bietet dem Kunden die Möglichkeit, direkt auf Angebote durch den Sender einzugehen.

---

[207] Vgl. Breunig, C. (2006), S. 7.
[208] Wengenroth, K. (2007), s. Anhang, S. 95.
[209] Vgl. Eckstein, E. (2006b), S. 44.
[210] Kremp, M. (2007), Der iPod fürs Wohnzimmer (Web).

So können interaktive Spiele und Teleshopping betrieben werden. Durch den Rückkanal werden die Nutzerpräferenzen an den Anbieter übertragen, der so Zielgruppeninformationen an den Werbemarkt verkaufen kann und so Werbetreibende zum Einstieg bei Betty zu bewegen. Der Hersteller und Betreiber dieser Fernbedienung, die Betty TV AG, eine Tochter des schweizerischen Telekommunikationsunternehmens Swisscom, hat Kooperationen mit beiden privaten Senderfamilien getroffen, aber auch mit Spartenkanälen vereinbart.[211] Kritisch muss die Nutzerdatensicherung und – Verwendung zur Köderung von Werbekunden gesehen werden. Zum Erfolg von Betty lässt sich nur soviel sagen, dass seine Marktdurchdringung sehr langsam vonstatten geht. Auch WENGENROTH zweifelt an der Tragfähigkeit des Betty-Modells, aber es gibt Perspektiven: „Wenn sich beispielsweise der Betreiber von Betty mit einem Hersteller von Set-Top-Boxen oder einem Kabelnetzbetreiber zusammenschließen würde, könnten sie ziemlich schnell eine hohe Verbreitung erreichen."[212]

5.1.2 Pay-TV und Video-on-Demand-Modelle im deutschen Fernsehen

Der zweite große Bereich, der in Zukunft viel versprechende Umsatzerlöse in Aussicht stellt, ist das Geschäft mit direkter Content-Distribution. Gemeint sind neben klassischem Pay-TV in erster Linie VoD-Geschäftsmodelle. In Form von Pay-TV gibt es seit Jahren diverse Angebote im deutschen Markt, die sich von Premiere über Arena bis hin zu neu hinzugekommenen digitalen Kanälen der verschiedenen Sendergruppen erstrecken. Das Hauptaugenmerk soll hier aber auf dem Modell des VoD liegen, da in diesem Bereich die größeren Entwicklungen erwartet werden. In einem gewissen Sinn kann VoD schließlich auch als Pay-TV bezeichnet werden, auch wenn die Definitionen unterschiedlich sind.

Abb. 12 verdeutlicht, welche Geschäftsmodelle es gibt und welche Entwicklungen diesem Bereich von Expertenseite her zugetraut werden. Interessant ist zunächst vor allem das linke Cluster. Hier wird von einer Etablierung des VoD-Modells ausgegangen. VoD als direkte Erlösform bietet sich nicht nur für TV-Sender, sondern auch für große Player auf dem Inhaltemarkt an.[213] HAMANN vermutet, dass sich

---

[211] Vgl. o.V. (2007), Betty Fakten auf einen Blick (Web); Butzek, E. (2006c), S. 30; Grohmann, C. (2007), Betty TV: Sofameilen für gläserne Zuschauer (Web).
[212] Wengenroth, K. (2007), s. Anhang, S. 91.
[213] Kaumanns, R. et al. (2006b), S. 623.

derartige Tendenzen durch die Verhandlungsstärke der jeweiligen Player im Markt regeln lassen.[214]

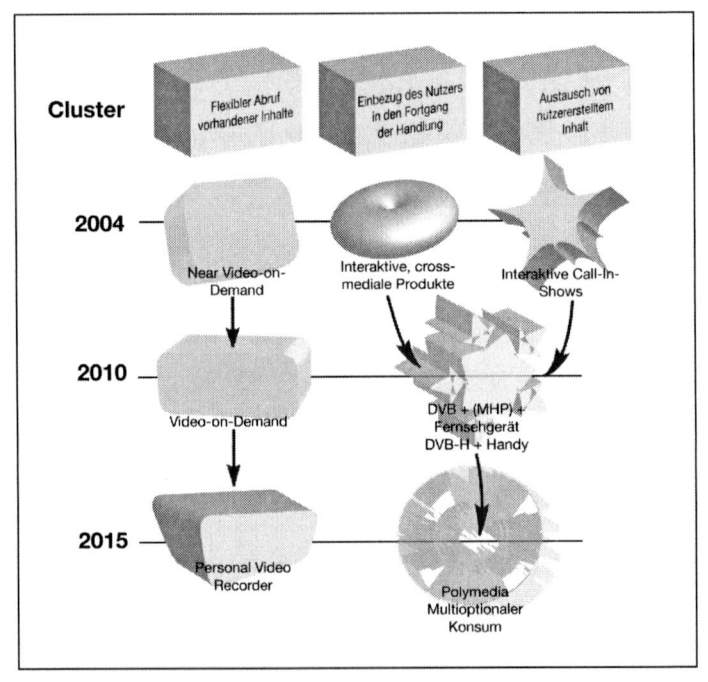

Abb. 12: Existierende Geschäftsmodelle und hypothetische Entwicklungen
Quelle: eigene Darstellung angelehnt an Hess, T. et al. (2004), S. 29.

Veranlassung zur Sorge, dass TV-Sender darunter leiden könnten, sieht KOLISCH jedoch nicht, da die Entwicklung noch am Anfang ist.[215] Ein anderer Grund für die Zuversicht ist sicherlich das neue Konzept der ProSiebenSat.1 Media AG, die in der VoD-Plattform „Maxdome" einen Direktvertrieb von Programminhalten anbieten. Neben dem Betreiber ProSiebenSat.1 Media ist auch die United Internet AG an der Plattform beteiligt. Diese Kooperation zielt auf die strategisch sinnvolle IPTV-Vermarktung, die United Internet durch seinen IP-Provider 1&1 liefern kann. Neben der Internet-Distribution ist auch der Kauf einer Set-Top-Box möglich, die das Streaming-basierte Signal für das Fernsehgerät konvertiert. Eine Distribution über Kabel ist nicht vorgesehen. Das Geschäftsmodell von Maxdome bietet aktuelle Filme und Serien in

---

[214] Vgl. Hamann, G. (2007).
[215] Vgl. Kolisch, A. (2007), s. Anhang, S. 87.

verschiedenen Abo-Paketen, aber auch als PPV-Einzeldownload an.[216] Der Einzeldownload weist eine Preisstruktur von 1,99 € bis 2,99 € auf. Im Gesamtverhältnis am günstigsten ist sicherlich das Premium Paket mit 19,99 €, das alle weiteren Pakete beinhaltet. Bei diesen erstrecken sich die Preise von 2,99 € bis 9,99 €.[217] Über die Nutzung von Maxdome stellt KOLISCH fest: „Es werden Pakete genutzt, denn die User haben bspw. beim Premium Paket den Vorteil, dass es auch täglich wächst, da hier täglich neue Inhalte dazu kommen."[218] Die Content-Beschaffung ist durch die bestehenden Kontakte zum Inhaltemarkt gewährleistet und bietet gegenüber Neueinsteigern einen wichtigen strategischen Vorteil. Die Inhalte und vielmehr die Inhaltepräsentation werden durch die plattformeigene Redaktion dem Portal angepasst.[219] Über die Nutzung von Maxdome lassen sich nur wenig zuverlässige Fakten nennen. Nach Angaben, die kürzlich von der 1&1 Internet AG veröffentlicht wurden, hat Maxdome derzeit 170 000 Nutzer, die im Februar etwa 1,2 Mio. Filme heruntergeladen haben. Die Präferenzen der Nutzer liegen ganz klar auf dem Empfang über die Set-Top-Box, um die Inhalte auf dem Fernsehgerät nutzen zu können.[220] HAMANN bezeichnet Maxdome als „das sichtbarste Geschäft, was es bisher mit bewegtem Bild im Internet gibt" und „das spannendste momentan, zumindest was das Wachstum angeht für ProSiebenSat.1 Media."[221] Wobei immer bedacht werden muss, dass User-Generated-Content-Plattformen noch keine einheitlichen, erlöstechnisch wirklich rentablen Geschäftsmodelle hervorgebracht haben. Ähnliche Modelle hat die Konkurrenz im Visier. Der Internet-Versand-Anbieter „Amazon" hat ebenfalls den VoD-Markt ins Visier genommen. In den USA ist das Unternehmen bereits mit derartigen Angeboten am Markt.[222] Wie schon erwähnt, ist auch Apple mit entsprechender Hardware weltweit an den Markt gegangen und bietet über die Software iTunes VoD-Angebote an.

Und dabei sind die VoD-Prognosen allein für den deutschen Markt sehr positiv. Es ist die Rede von 25 Prozent Marktanteil im Jahr 2015 und 407 Mio. Umsatz im VoD-Gesamtmarkt im Jahr 2010. Für das aktuelle Jahr 2007 geht man von 135 Mio. Umsatz

---

[216] Vgl. o.V. (2006), ProSiebenSat.1-Gruppe und United Internet AG starten Video-on-Demand-Portal „maxdome" (Web).
[217] Vgl. o.V. (2007), Maxdome (Web).
[218] Kolisch, A. (2007), s. Anhang, S. 86.
[219] Vgl. ebd., s. Anhang, S. 94.
[220] Vgl. Hagedorn, S. (2007), Internetplattform maxdome gewinnt Kunden (Web).
[221] Hamann, G. (2007).
[222] Vgl. o.V. (2007), Amazon steigt in Video on Demand ein (Web).

aus.[223] Um das gesamte Potenzial von VoD einschätzen zu können, müssen auch Nutzerpräferenzen untersucht werden. Hier ist u.a. durch EPG und PVR ein Trend zu mehr Flexibilität und Selektivität erkennbar. Hemmnisse für die Anschaffung von VoD sind nach wie vor die zusätzlichen Kosten. An zweiter Stelle steht die Anschaffung von zusätzlicher technischer Infrastruktur.[224] Diese Ergebnisse sind vor dem Hintergrund der Auskünfte der Maxdome-Betreiber, dass ein Großteil der Kunden die Anschaffung von Set-Top-Boxen präferiert, sicherlich erstaunlich. Vermutlich sinkt diese Hemmschwelle aber mit der Zeit. Die Balance zwischen Werbefinanzierung und einem daraus resultierenden geringeren Preis für die Endkunden ist eine der „Herausforderungen für entsprechende Geschäftsmodelle"[225], aber auch die Steigerung der bisher mäßigen Bekanntheit solcher Angebote. Hier muss eindeutig auf Kundennähe gesetzt werden. Und da der Endkunde grundsätzlich einen sehr hohen Fernsehkonsum betreibt, muss ihm deutlich gemacht werden, dass mit der steigenden Individualität bei der Selektivität seines Angebots eine Erleichterung seines persönlichen Fernsehkonsums einhergeht. Wie unter Punkt 3.2.2 erläutert, ist das klassische Pay-TV derzeit noch immer stark im Markt vertreten. Aussagen, wie: „Solange Deutschland noch nicht voll digitalisiert ist und die 34 Millionen Fernsehhaushalte über einen Digital-Decoder verfügen, gibt es für neue Player aber einen anderen Königsweg, um neue Sender zu etablieren, nämlich von Anfang an auf das Geschäftsmodell Pay-TV zu setzen"[226], spiegeln die Zuversicht wider, dass der Markt noch eine Menge Potenzial aufweist. Sicherlich ist ein Markteintritt für Nischenkanäle zurzeit günstig. Auch eine Fragmentierung des Gesamtmarktes in zielgruppenorientierte Nischenangebote wird weiter zunehmen. Aber ob die Zahlungsbereitschaft der Kunden dementsprechend groß ist, bleibt abzuwarten. Skeptik ist auch in technischen Fragen angebracht, da die Digitalisierung von Pay-TV eine Flut von unterschiedlichen Set-Top-Boxen mit sich bringt, die nur schwer zu kontrollieren ist. WENGENROTH rechnet langfristig mit einer Nachfrage nach Einheitlichkeit aus Nutzersicht, die an die Hardwarehersteller gerichtet sein wird. Denn ohne offene Standards für digitale Set-Top-Boxen werden Nutzer zur Anschaffung weiterer technischer Infrastruktur genötigt, um alle VoD-Angebote nutzen zu können und nicht nur die des jeweiligen Netzbetreibers.[227]

---

[223] Vgl. Kaumanns, R. et al. (2006b), S. 622.
[224] Vgl. ebd., S. 627.
[225] Ebd., S. 629.
[226] Kröhne, J. (2006), S. 33.
[227] Wengenroth, K. (2007), s. Anhang, S. 92f.

5.1.3 Mobile TV

Als Mobile TV bezeichnen die Diversifikations-Töchter der privaten Fernsehsender die Möglichkeit, Inhalte auf mobile Endgeräte zu übertragen, und ggf. sogar Programmkanäle anzubieten. In Abb. 12 ist zu erkennen, dass der Konvergenzprozess von DVB-H und konventioneller Handynutzung im Jahr 2010 vollendet sein könnte. Diese würde parallel zur TV-Konvergenz stattfinden. Zwar gibt es hier wie in Kapitel 3.2.1 geschildert, immer noch einige Unklarheiten bezüglich der zukünftigen technischen Plattform, auf der die mobilen TV-Diensten in der Breite laufen sollen, doch sorgt diese Tatsache in der Branche nicht für Kopfzerbrechen: „Wir verbreiten unsere Inhalte über alle möglichen Netze. Über Kabel, über DVB-T usw. [...] Wenn sich also ein anderer Standard durchsetzt, z.B. DVB-H, dann sind wir da auch vertreten. Von daher ist es natürlich schade, wenn wir Energien in verschiedene Standards setzen, aber für uns macht es sozusagen die Mixtur."[228] WENGENROTH sieht das ähnlich: „ Aus Sicht der Content-Anbieter ist das relativ unproblematisch, da die gleichen Angebote durch technische Möglichkeiten auf verschiedenen Plattformen abgebildet werden können."[229] Nichtsdestoweniger bemüht sich die EU-Kommission um einen einheitlichen Standard. Hier hat DVB-H eindeutig die Nase vorn. Die Branche wünscht sich eine allmähliche Etablierung von Mobile-Content-Geschäftsmodellen bis zum Jahre 2008, um dann diverse Sportgroßereignisse auf inhaltlicher Ebene auf mobilen Endgeräten vertreiben zu können. Jedoch besteht eine Menge Skepsis bezüglich der technischen Realisation der Netzinfrastukturen.[230] Immerhin wurde auch schon, was Mobile TV anging, ein Hype im Vorfeld der Fußballweltmeisterschaften in Deutschland verursacht. Der Durchbruch aber blieb aus.[231] Dennoch kann die Branche der Inhalte-Anbieter, was den Formatkrieg angeht, relativ entspannt der Zukunft entgegensehen.

Zusätzlich muss natürlich die Nachfrage der Nutzer kontinuierlich steigen. Denn die Kenntnis der Möglichkeiten von Mobile TV, sowohl im technischen als auch im Inhaltebereich, ist bei potenziellen Nutzergruppen kaum vorhanden. Vorlieben der Nutzer lägen bei dem freien Empfang der öffentlich-rechtlichen Kanäle. Auch würden nur rd. ein Viertel der potenziellen Nutzer von Mobile TV zusätzliche Gebühren zu zahlen bereit sein.[232]

---

[228] Neumann, M. (2007), s. Anhang, S. 83.
[229] Wengenroth, K. (2007), s. Anhang, S. 96.
[230] Vgl. Röhrs-Sperber, M. (2007), EU-Kommission will den Formatkrieg beenden (Web).
[231] Vgl. Butzek, E. (2006b), S. 28.
[232] Vgl. Schmidt, C. et al. (2007), S. 17ff.

VoD-Dienste stehen in der Nutzergunst weit oben, themenbezogene Aufteilung der Inhalte sowie komplette Fernsehsendungen sollten nach Nutzererwartungen auch in das Programmbouquet der mobilen Dienste aufgenommen werden.[233] Interessant ist zudem, dass die Hauptgründe für die Nutzung „Zeitvertreib" und „Information" sind. An dritter Stelle kommt der Faktor „Entspannung".[234] Dies lässt auch Rückschlüsse auf erwünschte Inhaltskategorien zu. Hier stehen Information und Entertainment hoch im Kurs. Eine weitere Nutzererwartung ist der reibungslose Empfang der Dienste in ganz Deutschland. Laut Umfragen[235] wird Mobile TV jedoch am häufigsten in den eigenen vier Wänden genutzt. Erst dann folgen „Arbeit/Universität" und „Bus". Ein Grund für die hohe Nutzung im Haushalt ist möglicherweise, „dass mobiles Fernsehen zuhause von Personen genutzt wird, die nicht die ‚Hoheit über die Fernbedienung' besitzen."[236] Hier besteht eine Analogie zur persönlichen Nutzung der Telefonie durch einzelne Haushaltsmitglieder.[237]

Die größten Impulse müssen wohl von den Endgeräteherstellern kommen. Die könnten u.a. durch die Gewährleistung der technischen Infrastrukturen zusätzlich zur Aktivität angeregt werden. So WENGENROTH: „ Ich schätze, dass es langfristig dahin führen wird, dass ein Fernsehempfangsteil – aus meiner Sicht wird es ein DVB-H-Empfangsteil sein – in Handys integriert sein wird. [...] Der Rundfunkempfänger wird sicher erst in den technisch besser ausgestatteten, teureren Geräten eingebaut sein, aber langfristig dann auch in massentauglichen Geräten."[238] Diesbezüglich muss betrachtet werden, wie hoch die Bereitschaft der potenziellen Nutzer ist, sich neue Endgeräte anzuschaffen. Diese ist vor allem bei jungen Menschen sehr hoch, da das Handy oftmals als Statussymbol gilt und ein neues Modell zum Selbstverständnis der Generation beiträgt.[239] Diese Umfrageergebnisse gehen konform mit der Vermutung, dass vor allem jüngere Generationen Mobile TV nutzen wollen und werden.

Generell können neben Paid Content auch endlich Rückkanäle zur Realisierung von interaktiven Erlösmodellen genutzt werden.[240] Wie sich zeigt, ist der Markt des Mobile TV durchaus in der Lage, sich in einen Kerngeschäftsbereich der Mobilfunkindustrie zu

---

[233] Vgl. Kaumanns, R. et al. (2006a), S. 506.
[234] Vgl. Büllingen et al. (2006), S. 11.
[235] Hier ist zwischen einer Repräsentativbefragung (Schmidt et al.) von potentiellen Nutzern und einer Befragung von Teilnehmern eines Pilotversuchs (u.a. bei Büllingen et al.) zu unterscheiden.
[236] Büllingen et al. (2006), S. 8.
[237] Vgl. ebd., S. 8.
[238] Wengenroth, K. (2007), s. Anhang, S. 97.
[239] Vgl. Kaumanns et al. (2006a), S. 500f.
[240] Vgl. Neumann, M. (2007), s. Anhang, S. 84; Kleine, D. (2006), Content für Mobile TV (Web); Breunig, C. (2006), S.9.

entwickeln. Die regen Bemühungen, bewegte Bilder auf das Handydisplay zu bringen, machen Glauben, dass hier irgendwann zwangsläufig ein gewaltiger Markt entstehen wird. Bis dahin muss jedoch erstens an der Bekanntheit und zweitens an der technischen Standardisierung für derartige Dienste gearbeitet werden.

5.1.4 User-Generated-Content-Plattformen

KARSTENS diagnostiziert zwar noch ein „Schattendasein"[241] jener Plattformen, jedoch ist längst klar, dass Unternehmen, wie YouTube, MyVideo und Clipfish in Zukunft nur schwer aufzuhalten sind. Mit aller Macht drängen sich diese User-Generated-Content-Portale im Zuge des Web 2.0-Booms in etablierte Medienmärkte. „Das Geschäftsmodell hinter so einer Plattform hat ja noch nicht einmal YouTube gefunden. Da muss man sicherlich abwarten. Es wird ja schon Werbung geschaltet auf MyVideo", so KOLISCH.[242] HAMANN erwartet zwar keinen Quantensprung, was die Marktanteile solcher Plattformen in Zukunft angeht, aber eine „bemerkenswerte Aufmerksamkeit" würden derlei Anwendungen wohl längerfristig auf sich ziehen.[243] Wie sich die Fernsehhäuser in dieser Hinsicht strategisch ausrichten, vermag auch er nicht zu sagen. WENGENROTH vermutet einen Rückgang des Booms: „Ich persönlich halte User-Generated-Content-Videoangebote für etwas überschätzt. Ich gehe davon aus, dass die überwiegend abgerufenen Inhalte, professionell hergestellte Inhalte sind – und eben nicht User-Generated-Inhalte."[244]

Vermutlich werden sich die Verhältnisse alsbald einrenken. Dass sich diese Plattformen zu bedrohlichen Konkurrenten für die etablierten Fernsehsender entwickeln, ist eher nicht zu erwarten. Diese werden für eine Eindämmung der freien Verbreitung ihrer Inhalte sorgen, womit natürlich die Aufmerksamkeit und Popularität solcher Plattformen aufs Spiel gesetzt werden. Gleichzeitig werden sie natürlich auf ihren Hausplattformen von dieser Aufmerksamkeit profitieren wollen, was ja schon zu dem bereits realisierten werbefinanzierten Modell geführt hat. Neben den User-Generated-Inhalten werden die Sender in Zukunft auf ihren hauseigenen Plattformen ihre Inhalte weiter stärken und in den Vordergrund drängen. Es wird sicherlich ein Mischung dieser Komponenten geben, User werden sich nach wie vor auf den Plattformen austoben können, aber über kurz oder lang wird das Interesse abnehmen.

---

[241] Vgl. Karstens, E. (2006), S. 197.
[242] Kolisch, A. (2007), s. Anhang, S. 87.
[243] Vgl. Hamann, G. (2007).
[244] Wengenroth, K. (2007), s. Anhang, S. 95.

5.2 Veränderungen im Rezipientenverhalten

Kaum eine Disziplin in der Medienwirkungsforschung ist so genau analysiert worden, wie das Verhalten von TV-Nutzern. Im Grunde hat diese Wissenschaft bis dato ein sehr genaues Bild von den Nutzern und ihren Eigenschaften zeichnen können. Hier bildet die Quotenerhebung der Gesellschaft für Konsumforschung (GfK) die zentrale Instanz der Fernsehfeldforschung. Der größte Teil des sog. Relevant Set[245], das die am häufigsten genutzten Sender eines TV-Konsumenten repräsentiert, ist seit vielen Jahren relativ klar definiert. Es beinhaltet ARD, ZDF, RTL, ProSieben und Sat.1., zusätzlich kommen noch einige Spartenkanäle dazu.

Doch genau hier besteht immer mehr Raum für Individualität. Die Digitalisierung und das Herausbilden neuer Geschäfts- und Erlösmodelle haben schließlich viele kleinere Kanäle auf die Bildfläche gerufen. Die schon in Kapitel 3.6 angesprochene Selektivität und individuelle Programmgestaltung nimmt immer konkretere Formen an. Gleichzeitig können die neuen Internet-basierten Distributionswege eine Veränderung für das Relevant Set der aktiven Nutzer bedeuten. Denn es muss nach wie vor zwischen lean-back und lean-forward getrennt werden oder wie WENGENROTH treffend formuliert: „Schon allein, weil man am Fernsehgerät nicht die Steuerungsmöglichkeiten hat, die man für die forward-Situation benötigt. [...] Und eine Tastatur auf dem Wohnzimmertisch ist auch nicht das, was jedermann unter ‚Fernsehen' versteht."[246] Auch HAMANN vermutet, dass diese Trennung bestehen bleibt.[247] Gleichzeitig spielt mit der demographischen Entwicklung in Deutschland ein äußerer Einfluss den alten Begebenheiten in die Karten: „Bleiben die Älteren und Alten, also alle im Alter über 30 Jahren. Sie sind im kommenden Jahrzehnt die Lebensversicherung für das traditionelle Fernsehen, weil sie gelernt haben, anderen die Auswahl zu überlassen"[248], so HAMANN zur Zukunft der Fernsehnutzer. Es wird sicherlich so schnell keine Konvergenz von lean-forward und lean-backward geben. Mischformen der Nutzung werden langsam etabliert, dennoch dauert es noch lange, bis in jedem Wohnzimmer ein sog. Media-Center steht.

---

[245] Zur Defnition von Relevant Set vgl. Karstens, E. et al. (2005), S. 69. Eine ähnliche Definition findet sich bei Karstens, E. (2006), S. 119.
[246] Wengenroth, K. (2007), s. Anhang, S. 89.
[247] Vgl. Hamann, G. (2007).
[248] Hamann, G. (2006), S. 37.

6. Fazit

Die Bearbeitung des Themas im letzten Kapitel hat gezeigt, dass durchaus Entwicklungspotenzial in der TV-Branche steckt, wenn das Publikum sich nur darauf einlässt. Zunächst einmal muss aber ganz klar abgewartet werden, in welcher Form sich die Digitalisierung des Rundfunks in den nächsten Jahren fortsetzt. Durch den dezidierten Kurs der Landesmedienanstalten, die in aller Konsequenz das terrestrische Antennennetz dem digitalen DVB-T-Standard anpassen, ist der Kurs für die nächsten Jahre gesetzt. Auch wenn hier die privaten Fernsehunternehmen noch abwarten, weil sie den terrestrischen Fernsehmarkt als wenig umsatzfreudig erachten, gehen sie zunehmend in konvergente Märkte herein. Die Öffentlich-Rechtlichen stehen, was die Experimentierfreude angeht, den Privaten in kaum etwas nach. Als Beweis dafür, dass sie die Zeichen der Zeit erkannt haben, kann die Mediathek des ZDF gelten.

Dennoch wird hier die Entwicklung vielfach überzeichnet dargestellt. Ein außenstehender Betrachter könnte den Eindruck bekommen, dass die Branche es kaum erwarten kann, sich in allen denkbaren Formen mit neuen, interaktiven Geschäftsmodellen in die digitalen Märkte zu stürzen. Was hier noch weitestgehend fehlt, ist die Zustimmung des Konsumenten. Durch den Wandel der demographischen Altersstrukturen, der in Deutschland ansteht, werden alte TV-Gewohnheiten noch über lange Zeit die neuen Entwicklungen überschatten. Zwar rücken die Jungen mit ihrer Experimentierfreude und Abhängigkeit von multimedialen und mobilen Medienformen nach, jedoch ist eine Marktdurchdringung für derartige Medienformen in den nächsten ein bis zwei Jahren, nur schwer vorstellbar. Großereignisse, wie die Fußball-WM können immer wieder den Wunsch antreiben, Inhalte in jeglicher Form und jederzeit an den Mann bringen zu wollen, was aber dabei außer Acht gelassen wird, ist die Dominanz des klassischen Fernsehens als lean-back-Medium. Eine Zunahme von Mobile TV/Content für die im Jahr 2008 anstehenden Fußball-Europameisterschaften und Olympischen Spielen wird erwartet und erhofft, viel wahrscheinlicher ist aber eine sukzessive Zunahme von solchen Medienformen.

Der Faktor der Interaktivität ist seit je her für die Fernsehunternehmen interessant, dass aber die Bemühungen um einen einheitlichen europäischen Standard eine solche Bruchlandung hinlegen würden, hat die Stimmung in der Branche sicherlich etwas betrübt. Wo der Nutzer keinen Mehrwert für sich generieren kann, da lassen sich auch die einfallsreichsten technischen Systeme nicht in den Markt bringen. Eine Warnung für die Zukunft, speziell im Bereich des Mobile TV mit seinen zahllosen Standards, ist das Scheitern von MHP allemal. Das Publikum scheint auch in unserer technisierten Gesellschaft etwas überfordert mit den vielen Angeboten. Wo aber der Zusammenfluss von PC und TV am deutlichsten erkennbar wird, ist der Bereich IPTV. Hier scheinen das Nutzerinteresse groß und die Branche investitionsfreudig zu sein. Wenn es nun den Anbietern gelänge, auch hier eine übersichtliche technische Infrastruktur anzubieten, dann sind in diesem Bereich große Sprünge möglich. Die Abkehr vom Werbemarkt könnte deutlicher denn je zu Tage treten, da sich die Nutzer ihren TV-Konsum über EPG und PVR viel individueller gestalten können und nicht auf die Linearität des klassischen Fernsehen, was ja ohne Zweifel den Werbetreibenden in die Karten gespielt hat, angewiesen sind. Hier birgt der Markt in Zukunft noch viel Zündstoff. Ob EPGs und PVR-Systeme in Zukunft von der Werbewirtschaft okkupiert werden, muss abgewartet werden.

Das Thema User-Generated-Content bietet schon aktuellen Zündstoff, da die entsprechenden Portale zurzeit mit Urheberrechtsklagen überhäuft werden. Die Fernsehsender haben sich in Deutschland strategisch sinnvoll in diesem Markt positioniert, indem sie sich zu unterschiedlichen Stücken an den Plattformen beteiligt bzw. diese teilweise sogar selbst gegründet haben. Die Beliebtheit von YouTube und Co. basiert mit Sicherheit auf den vielen kostenlosen, professionell hergestellten TV-Inhalten, die gleichzeitig auch Kern der eben genannten Klagen sind. Sollten diese verschwinden, wie es vereinzelt schon passiert ist, sinkt der Reiz solcher Plattformen. Die Fernsehsender versuchen gegenzusteuern, indem sie ihre eigenen Inhalte auf den entsprechenden Plattformen installieren und promoten. Das könnte sich in dieser Form als zielgruppenorientiertes Nischenangebot für die Zukunft etablieren. Nur das ganz große Publikum wird sich bestimmt mit der Zeit abwenden. Was überhaupt die Fragmentierung der Zielgruppen angeht, sind die etablierten Fernsehsender weniger in Gefahr als Glauben gemacht wird. Dies liegt zum einen an der nach wie vor hohen Reichweite dieser Sender auch in fragmentierten Umfeldern, anderseits aber auch an den eigenen Nischenangeboten. Diese lenken durch aufwendige Cross-Promotion immer wieder die Aufmerksamkeit der Zielgruppen auf die großen Vollprogramme der Senderketten zurück. Auch die Alterspyramide in Deutschland trägt ihren Teil zur Stützung der großen Sender bei. Das Relevant Set wird somit in Ansetzen immer wieder Veränderungen erleben, jedoch auch durch die Fragmentierung nicht revolutioniert werden.

Die Inhaltegestaltung für Konvergenz ist gar nicht so bedeutend, wie es auf den ersten Blick scheint. Was zählt ist allein die Massentauglichkeit. Content bleibt King. Die Vertriebskanäle ändern sich gelegentlich, die Inhalte werden dem bisweilen angepasst, jedoch bleibt Fernsehen Fernsehen, auch wenn es unterwegs oder am PC konsumiert wird. Die VoD-Angebote bieten, was die Inhalte angeht, sowieso kaum Neues. Filme und beliebte Serien, außerdem Sport und Erotik. Hier haben die Zuschauer schon lange die gleichen Vorlieben. Der Zuschauer will gar nicht so viel am Inhalt ändern, die Interaktivität hält sich in Grenzen. Spannend ist in erster Linie also der Weg des Inhalts und da ist in den letzten Jahren viel zusammengewachsen und ein Ende ist noch nicht in Sicht. Ob dieser Prozess in dem viel zitierten Triple Play kulminiert, mag mal dahingestellt sein. Triple Play kann kritisch vorgehalten werden, dass es ein Vehikel der beteiligten Branchenunternehmen ist, um dem Nutzer die Konvergenz greifbar zu machen. Dennoch sind die Ausrichtungen für diese Angebotsform im Markt positiv, sofern denn die Preise niedrig sind. Mit solchen Modellen könnte der Konsument den Markt des VoD erschließen, wenn die Technik es zulässt.

Es bleibt aber vieles wie es ist. Es muss ein Zusammenspiel von technischer Realisation und Nutzervorlieben geben. Wenn dann auch noch die Balance gegenüber User-Generated-Content-Modellen hergestellt ist, werden die neuen Erlösmodelle sich schon einrenken.

Anhang 1: Telefonisches Interview mit Manfred Neumann
- Leiter Abteilung Mobile, Seven Senses, ProSiebenSat.1 Media, Unterföhring, 26.03.07, 11:29-11:46 Uhr.

Frage: Hat Mobile Services schon tragfähige Erlösmodelle hervorgebracht?

Manfred Neumann (MN): Ja, hat es. Wir haben vier Säulen. Klassisches Mobile Content in der B2B und B2C-Vermarktung, wir haben Mobile TV derzeit in der B2B-Vermarktung, wir haben Mobile Marketing, wo wir einige Kampagnen gefahren haben, und wir haben Interactivity. Also insgesamt ein tragfähiges Modell zumindest für uns.

Frage: Wird es dann langfristig bedeuten, dass man die Sender unabhängiger vom Werbemarkt macht?

MN: Genau das ist der Plan.

Frage: Wie genau kann man sich das vorstellen? Werden da Abo-Strukturen über VoD angeboten?

MN: Ja gut, da vermischen Sie jetzt ein paar Dinge. Es geht ja jetzt um Mobile. Und VoD ist zwar ein Mobile-Thema, aber es ist ein anderes Thema, das über IP und irgendwann über das klassische Fernsehen laufen wird.

Frage: Sie gehen jetzt stark in den Bereich DMB und DVB-H herein?

MN: Wir haben auch eine einheitliche Idee on-Demand verfasst.

Frage: Wie ist denn da der Entwicklungsstand? Ist es so, dass DVB-H dem DMB das Wasser abgräbt? Und dass da durch den Endgeräte-Markt eher eine Sondierung stattfindet?

MN: Das ist richtig. Das kann sein, das ist uns aber in dem Fall egal. Wir verbreiten unsere Inhalte über alle möglichen Netze. Über Kabel, über DVB-T usw. und für Mobile. Wenn sich also ein anderer Standard durchsetzt, z.B. DVB-H, dann sind wir da auch vertreten. Von daher ist es natürlich schade, wenn wir Energien in verschiedene Standards setzen, aber für uns macht es sozusagen die Mixtur.

Frage: Und langfristig ist es auch rentabel?

MN: Es ist auch schon kurzfristig für uns rentabel.

Frage: Welche Rolle spielen da besonders die Inhalte?

MN: Wir haben ja nichts anderes als Inhalte. Inhalte ist unser Kerngeschäft, wir sind ja kein Headset-Hersteller, Für uns sind Inhalte der Kerntreiber in diesem Geschäft.

Frage: Stellen Sie da auch Inhalte her oder wandeln Sie vorhandene Inhalte um im Streaming-Format bspw.?

MN: Das ist das, was wir kurzfristig tun. Das ist unser Schwerpunkt. Wir werden aber auch vermehrt herstellen.

Frage: Da entstehen dann auch redaktionelle Strukturen?

MN: Die gibt es stückweit schon, die werden wir aber noch ausbauen. Es kommt drauf an. Momentan haben wir nur einen geringen Anteil von eigenproduzierten Geschichten. Oder speziell für Mobile produzierten Geschichten. Das wird sich mit der Zeit ausweiten und dann werden wir natürlich auch die Strukturen anpassen. Die Strukturen haben wir schon letztes Jahr gelegt und die werden jetzt natürlich kontinuierlich ausgebaut.

Frage: Gibt es da speziell Verbindungen zum DVB-basierten interaktiven Fernsehen?

MN: Also es gibt kein interaktives Fernsehen derzeit. Es gab mal so ein paar Geschichten, die da angedacht waren aber derzeit ist es in Deutschland nicht möglich.

Und DVB-T ist ja sozusagen kein Rückkanal-fähiges Fernsehen. Es gab mal MHP, aber das ist alles nicht über den Preis-Status hinausgekommen. Von daher ist es so, dass es da klare Verbindungen gibt.

Frage: Glauben Sie, dass die Entwicklung im Bereich Mobile in Richtung Rückkanalfähigkeit geht?

MN: Auf dem Mobile ist es so, dass die Verbindung da ganz klar hingeht, weil Sie mit dem klassischen Fernsehen ein Medium haben, das schon einen Rückkanal eingebaut hat. Deshalb wird sich da was entwickeln. Beim klassischen TV müssen wir mal abwarten, wird sicher langsamer gehen.

Frage: Wie sieht das in der Sparte Diversifikation der Sendergruppe aus? Gibt es für den Bereich Mobile weitere vorgesehene Entwicklungen?

MN: Nachdem wir eine zentrale Mobile-Einheit haben. Und da die Modelle da alle tragfähige sind, ist es da schon alles auf dem Weg. Sonstige Diversifikationen arbeiten dem Ganzen vielleicht zu, z.B. im Bereich Musik, vielleicht im Bereich Merchandising. Das fließt aber alles mit ein. Das ist der Vorteil dieser Einheit, dass es dann integriert wird.

Frage: Was sind denn die wichtigsten Inhalte im Download-Bereich? Sind das vor allem Klingeltöne?

MN: Also Klingeltöne sind bei uns halt untergeordnet, weil sie einfach kein Musikfernsehen sind. Bei uns ist der Bereich Games, vor allem die formatbezogenen Games mit am interessantesten. Und da entwickeln wir das auch. Also zu Galileo haben wir z.B. acht oder neun Spiele und weiten das auch immer mehr aus. Das ist unser bestes Beispiel.

Frage: Sind die Qualitätsstandards aus Ihrer Sicht schon weit entwickelt?

MN: Es ist so weit entwickelt wie es möglich ist, um möglichst viele Leute zu erreichen. Wir machen jetzt keine 3D Multiplayergames, weil wir damit einfach nur einen geringen Anteil der User abdecken würden. Aber wir versuchen, so weit es geht, die Standards auszunutzen.

Anhang 2: Telefonisches Interview mit Alexander Kolisch

- Manager Broadband Video, Seven Senses GmbH – ein Unternehmen der ProSiebenSat.1 Media Group, Unterföhring, 02.04.07,

Frage: Wie wird Maxdome angenommen?

Alexander Kolisch (*AK*): Wir sind eigentlich mit den Absatzzahlen sehr zufrieden. Ich kann da natürlich keine klaren Zahlen rausgeben. Wir haben eine gute Nutzung. Die Set-Top-Boxen sind in diesem Zusammenhang auch ein neues Feld, aber sie werden auch gut angenommen.

Es werden Pakete genutzt, denn die User haben bspw. beim Premium-Paket den Vorteil, dass es auch täglich wächst, da hier täglich neue Inhalte dazu kommen. Für die Inhalte hat Maxdome eine eigene Redaktion. Sicherlich werden hier auch Elemente und Bilder aus anderen Redaktionen übernommen. Auch die Beschreibungen der Inhalte sind manchmal von den Content-Providern, die sie zur Verfügung stellen.

Frage: Welche Rolle spielt IPTV dabei?

AK: IPTV ist einfach ein neuer Distributionskanal. Wir liefern das Sendesignal, aber wir sind ja kein IP-Provider. Insofern ist IPTV einfach ein neuer Vertriebsweg.

Frage: Wie sieht denn die Rechtestruktur bei Maxdome aus?

AK: Es gibt VoD-Rechte und FreeTV-Rechte. Vielmehr gibt es nicht. Wir profitieren natürlich von der engen Zusammenarbeit mit den Studios und den Content-Providern. Die bestehenden Kontakte kommen uns da natürlich beim Content Sourcing zugute. Das wäre für einen Neueinsteiger sicherlich schwieriger, da in den Markt zu gehen.

Frage: Glauben Sie nicht, dass Content-Provider und -Anbieter in Zukunft Inhalte direkt vermarkten und distribuieren über VoD-Strukturen?

AK: Bisher gibt es solche Bestrebungen kaum. Das Modell ist gerade am Anfang. Den Markt der direkten Verwertung zu erschließen, dauert sehr lange. Aber warum sollte das den Fernsehsendern schaden?

Frage: Was halten sie von iTV?

AK: Was ist denn iTV? Jeder definiert es anders. Als rückkanalfähiges digitales Fernsehen ist es sicherlich interessant, aber alle angedachten Modelle wurden nicht realisiert. Insofern ist iTV als Geschäftsmodell erst interessant, wenn es greifbar wird. 9Live ist ja in diesem Zusammenhang nichts weiter als eine Call-In-Show.

Frage: Wie sieht es mit Triple Play aus?

AK: Triple Play ist ja nicht Wirklichkeit. Letztendlich bieten wir ja nur den Videobereich und die Telekom die DSL-Strukturen.

Frage: Wie sieht denn digitales Fernsehen in Zukunft aus?

AK: Ich denke, die Möglichkeiten, die sich aus der Kombination von linearen Fernsehen und VoD-Strukturen ergeben, machen es spannend. Es ist aber auch immer eine Preisfrage.

Frage: Wie funktioniert denn das Geschäftsmodell aus ihrer Kooperation mit MyVideo? Wie kann man auch die urheberrechtlichen Fragen lösen?

AK: Also MyVideo ist bei den deutschen Plattformen der Marktführer. Aber das Geschäftsmodell hinter so einer Plattform hat ja noch nicht einmal YouTube gefunden. Da muss man abwarten. Es wird ja schon Werbung geschaltet auf MyVideo. Was die urheberrechtlichen Fragen angeht, herrscht sicherlich ein Abwarten. Ob aber die Clips konkurrierender Sendergruppen auf MyVideo zurzeit wirklich problematisch sind, ist wohl Ansichtssache. Ich denke, es wird viel nach Amerika geschaut, wie es mit Youtube weitergeht. Ob nun die Inhalte komplett runter kommen, was natürlich die Attraktivität dieser Plattformen für den Nutzer erheblich einschränkt oder ob es da

Zahlungen gibt, wird sich zeigen. Die Richtung wird hier sicherlich von YouTube vorgegeben.

Frage: Wie sieht für Sie das digitale Fernsehen der nächsten Jahre aus? Gibt es da nicht auch große Skeptik, was den Internet-Markt angeht?

AK: Die Zukunft ist da sehr offen, da gibt es sehr große Felder. Bei manchen sind die Prognosen positiver, manche sind da skeptischer. Es hält sich alles in allem die Waage. Aber die strategische Ausrichtung der Sender kann nur über die digitalen Märkte gehen. Das wird der Markt der Zukunft sein.

Frage: Wie wird sich das auf die Nutzer auswirken? Wird es zur Auflösung von lean-backward und lean-forward kommen, oder bleibt vieles durch die demographische Struktur der Gesellschaft beim Alten?

AK: Die älteren Generationen werden sich bestimmt nicht mehr großartig nach vorne lehnen. Da wird es keine großen Änderungen geben. Für die jüngeren Generationen wird sich dies aber ändern. Sie sind ja allein jetzt schon mit ganz anderen Nutzungsgewohnheiten vertraut, mit denen sie aufwachsen.

Frage: Also wird Konvergenz auch der Trend der Zukunft sein?

AK: Es wird sich vom Traditionellen weg bewegen. Es wächst sicherlich vieles zusammen. Dies wird ja zurzeit durch viele Studien geprüft, also generell liegt in der Konvergenz die Zukunft.

Anhang 3: Telefonisches Interview mit Kai Wengenroth

- Consultant - [tbb*] thebrainbehind kg, München, 07.04.07

Frage: Wie stellen Sie sich das Fernsehen der Zukunft vor?

Kai Wengenroth (KW): Ich gehe davon aus, dass im Zuge der digitalen Umstellung, die in den Haushalten nur langsam voranschreitet, wesentlich mehr Spartenkanäle hinzukommen werden. Dieser werden viel differenzierter noch engere Nischen ansprechen als heutige Spartensender.

Frage: Und wie wird sich das Nutzerverhalten ändern? Gibt es nach wie vor eine Trennung zwischen lean-forward und lean-backward?

KW: Das kann ich mir grundsätzlich schon vorstellen. Schon allein, weil man am Fernsehgerät nicht die Steuerungsmöglichkeiten hat, die man für die lean-forward-Situation benötigt. Egal wie die Fernbedienung auch aufgebaut sein wird, es wird nach wie vor umständlich sein, Texteingaben am Fernsehgerät vorzunehmen. Und eine Tastatur auf dem Wohnzimmertisch ist auch nicht das, was jedermann unter „Fernsehen" versteht.
Bezüglich Nutzerverhalten denke ich außerdem, dass die Kanäle im Relevant Set der meisten Zuschauer noch über lange Zeit Bestand haben werden. Sprich ARD auf dem ersten Programmplatz, das ZDF dahinter und dann die großen Privatkanäle. Zusätzlich haben jeweils einzelne der erwähnten Nischenkanäle die Chance, einen der vorderen Plätze in der Programmliste des Zuschauers zu erhalten, wenn sie seine Vorlieben besonders abbilden. Bei einem „Simpsons"-Fan könnte dies ein 24-Stunden-Simpsons-Kanal sein.

Frage: Das heißt auch, dass sich die Zielgruppen fragmentieren!?

KW: Auf jeden Fall. Aber eben auch, dass die etablierten Hauptsender noch lange Zeit eine große Rolle spielen werden. Und aktuell haben diese auch die größten Möglichkeiten, neue Spartenkanäle anzubieten. Zum einen können sie bestehende und bei den Zuschauern bekannte Programminhalte und Programmmarken weiterverwenden. Zum anderen können sie die neuen Sender prima auf allen ihren bereits zur Verfügung stehenden Kanälen promoten. Denn wenn ein neuer Sender im Receiver vielleicht auf Programmplatz 912 auftaucht, muss beim Zuschauer schon das Interesse geweckt werden, den Sender aktiv zu suchen und ggf. sogar ihn weiter vorne in der Programmliste abzuspeichern.

Frage: Hat das jetzt spezielle Auswirkungen unabhängig von der demographischen Entwicklung in Deutschland, so dass die jungen Generationen mit Multimedia aufwachsen und die älteren Generationen immer noch das Massenmedien Fernsehen nutzen?

KW: Die älteren Zuschauer werden zum Großteil der gewohnten Nutzung möglichst lange treu bleiben. Wenn jedoch Spartenkanäle speziell für die Bedürfnisse dieser Zielgruppe entstehen, dann hat ein solcher Sender bei entsprechender Promotion sicherlich die Chance, in das Relevant Set aufgenommen zu werden. Aber das technische Nutzungsverhalten wird sich im Kern nicht mehr großartig ändern lassen. Zumal die aktuell ältere Generation eine ist, die technischen Neuerungen eher zurückhaltend gegenübersteht. Allein die Notwendigkeit einer neuen, zusätzlichen Fernbedienung zur Steuerung des Fernsehprogramms löst zunächst mal eine ablehnende Haltung aus. Nach meiner Einschätzung werden ältere Zuschauer so lange es geht beim analogen Fernsehen bleiben.

Frage: Wie sehen Sie die Bemühungen, interaktives Fernsehen im Markt zu platzieren? Ist das, was MHP angeht, gescheitert?

KW: MHP ist aus meiner Sicht bereits gescheitert. Der hessische Rundfunk hat erst vor kurzem seine MHP-Dienste eingestellt. Auch ansonsten sind es ausschließlich nur noch öffentlich-rechtliche Sender, die MHP ausstrahlen. Diese können die Technologie durch Gebührengelder finanzieren, müssen sich also im geschäftlichen Sinne wenig Gedanken über Nutzwert oder Refinanzierung machen. Zudem strahlen sie ihre Dienste nur für rund 5 000 potenzielle Haushalte aus. Und ob diese Haushalte die Dienste dann auch tatsächlich nutzen, sei mal dahingestellt. MHP ist in den Set-Top-Boxen, die in den letzten Jahren gekauft wurden, schlichtweg nicht enthalten. Ebenso wenig wie in den Geräten, die aktuell von Kabelnetzbetreibern in die Haushalte gepusht werden. Ich kann auch gut verstehen, dass die Zuschauer nicht bereit sind, für eine Set-Top-Box mit MHP mal eben 100 Euro mehr zu bezahlen.

Frage: Stirbt damit auch das rückkanalfähige Fernsehen als solches? Oder bleiben der Wunsch und die Bestrebung bestehen?

KW: Die Bestrebung wird auf jeden Fall bestehen bleiben. Auf Nutzerseite ist dieser Wunsch sicherlich nicht bewusst vorhanden. Aber es gibt mittlerweile einige Nischenlösungen, wie Betty und Blucom oder IPTV, bei denen ein Rückkanal bereits vorhanden ist. Aber es handelt sich eben zunächst lediglich um Nischenlösungen oder Pilotprojekte, die noch keine relevante Reichweite haben. Ich bin gespannt, was in den nächsten Jahren damit passieren wird. Ich gehe jedoch davon aus, dass die aktuellen Projekte noch eine ganze Zeit lang Nischenlösungen bleiben werden.

Für jeden einzelnen dieser Dienste separate redaktionelle Angebote herzustellen, dürfte langfristig zu aufwendig und mit zu hohem Personalaufwand verbunden sein. Vielleicht schließen sich langfristig die Anbieter unterschiedlicher Nischenlösungen zusammen, oder vielleicht geschieht eine solche Bündelung der Content-Aggregation auch auf Seiten der Sender. Somit könnten unterschiedliche technische Plattformen von einer zentralen Stelle aus gesteuert und mit ähnlichen Inhalte gefüttert werden.

Frage: Richtig tragfähige Geschäftsmodelle entstehen durch solche Versuche wie Betty nicht?

KW: Im Moment sehe ich das noch nicht. Allerdings sind Prognosen schwierig, denn wenn sich beispielsweise der Betreiber von Betty mit einem Hersteller von Set-Top-Boxen oder einem Kabelnetzbetreiber zusammenschließen würde, könnten sie ziemlich schnell eine hohe Verbreitung erreichen: Kabel Deutschland liefert im Zuge der Digitalisierung der Haushalte momentan sehr viele Set-Top-Boxen aus. Wenn anstelle der normalen Fernbedienung jeweils eine Betty-Fernbedienung beiliegen würde, so könnte das relativ schnell zu einer relevanten Verbreitung in den Haushalten führen.

Frage: Ist IPTV einfach ein neuer Distributionskanal, der jetzt genutzt wird? Oder ist das mehr?

KW: Wenn Sie unter IPTV die gemanagten Plattformen verstehen, wie sie momentan von Alice oder T-Home angeboten werden, so handelt es sich für mich tatsächlich in erster Linie um einen alternativen Vertriebskanal für Fernsehinhalte. Die Empfangsgeräte bieten dann den Zusatznutzen, dass man darüber auch echtes VoD vom Sofa aus nutzen und am Fernsehgerät darstellen kann.

Frage: Bezüglich VoD ist Maxdome ja zurzeit ein sehr heißes Thema, was ja auch schon ähnliche Dienste anderer Anbieter nach sich zieht. Wie beurteilen Sie diese Entwicklung?

KW: Aus meiner Sicht basieren die Modelle, die Maxdome nach sich zieht, nicht darauf, dass Maxdome großartige Gewinne einfahren würde, sondern vielmehr darauf, dass in diesem Bereich langfristige Chancen gesehen werden, an denen auch andere Anbieter teilhaben wollen.

Die Idee ist auf jeden Fall sehr sinnvoll, denn sie kommt dem Zuschauerwunsch entgegen, unabhängig von einem vorgegebenen Programmschema Inhalte abrufen und nutzen zu können. Gerade das ZDF ist da aus meiner Sicht in einer sehr großen Vorreiterrolle mit seiner Mediathek. Diese soll bis zur IFA (*Internationale Funkausstellung, Anm. d. Verf.*) als digitales Abruffernsehen ausgebaut werden, über das der Nutzer mehr als die Hälfte der ZDF-Programminhalte noch eine Woche im Nachhinein abrufen kann. Viele Angebote sollen sogar länger zur Verfügung stehen. Im Moment fehlen noch die geeigneten Standards und Set-Top-Boxen, um das direkt am Fernsehgerät abbilden zu können.

Für Maxdome gibt es bisher lediglich eine Set-Top-Box, mit der ausschließlich die von Maxdome gesendeten Inhalte genutzt werden können. Ich denke, da ist auch noch ein großes Umdenken bei den Anbietern dieser Dienste notwendig. Soweit ich das bisher mitbekommen habe, wird 1&1 demnächst eine Set-Top-Box von AVM anbieten, die auf dem DVB-Standard für IPTV basiert und somit also nicht nur die Maxdome-Inhalte, sondern eben auch andere Internet-Angebote, die auf IP basieren, darstellen kann. Und mit dieser Box kann der Nutzer dann auch gleich andere Dinge realisieren, z.B. auf seine private Foto- und Musik-Sammlung zugreifen, was mit bisherigen Set-Top-Boxen einfach nicht möglich ist. Das ist aus meiner Sicht genau der Punkt, der von bisherigen IPTV-, VoD-Anbietern und Kabelnetzbetreibern unterschätzt wird: Der Zuschauer, der sich für moderne TV- und Video-Lösungen interessiert möchte nicht so stark eingeschränkt werden. Aber beispielsweise ist auf den Receivern von Kabel Deutschland bereits die Programmreihenfolge vorgegeben und der Nutzer wird automatisch auf die PPV-Dienste von Kabel Deutschland geleitet. Die Dienste von Fremdanbietern werden automatisch sehr stiefmütterlich behandelt. Genau das ist der souveräne Fernsehnutzer bisher einfach nicht gewohnt. Bisher konnte jeder sein analoges Fernsehgerät genau so konfigurieren, wie er wollte – inklusive der Programmreihenfolge.

Aber die digitalen Set-Top-Boxen unterliegen den Restriktionen der jeweiligen Netzbetreiber. Nicht nur im Bereich Kabel, sondern auch beim IPTV von T-Home und Alice wird man zu den Diensten geleitet, die derjenige Anbieter zur Verfügung stellt, um genau dort – und möglichst *nur* dort – Zusatzeinnahmen zu generieren.

Frage: Ist da jetzt von den Anbietern eine gewisse Selbstregulierung gefordert, dass man da zusammenrückt? Anstatt dass jeder, der ein Stück vom Kuchen abhaben will, – siehe Apple – das Set-Top-Box-Chaos erweitert?

KW: Ja genau. Das ist ja bisher schon ein Chaos. Denn wenn ich Maxdome *und* iTunes nutzen will, brauche ich dafür im Moment zwei verschiedene Set-Top-Boxen, mit denen ich jeweils nur einen spezifischen Dienst nutzen kann. Genau da denke ich, werden andere Anbieter, wie AVM, die sehr auf offene Standards setzen, langfristig neue Impulse setzen und vielleicht sogar zum Umdenken zwingen.. Denn wenn man dem Nutzer bei T-Home einen 50 Mbit-VDSL-Anschluss in den Haushalt legt, möchte er bestimmt nicht nur die wenigen Videos nutzen, die T-Home selbst anbietet, sondern auch seine rasante Internet-Anbindung nutzen. Im Moment muss sich der Nutzer dazu vor den Computer setzen und andere Angebote ansurfen oder aber er holt sich eine zusätzliche Set-Top-Box, mit der er solche anderen Angebote aus dem Internet ebenfalls direkt auf dem Fernsehgerät abbilden kann.

Frage: Das mutet ein wenig paradox an, wo gerade MHP als Set-Top-Box-Standard gescheitert ist, dass man da jetzt im Grunde merkt, dass es nicht ohne Standard geht!?

KW: Im geschilderten Fall setzt AVM als Hardwarehersteller einen offenen Standard ein, um den Nutzern einen Mehrwert durch Angebotsvielfalt bieten zu können. Die

Inhalte dafür sind bereits vorhanden, wenn der Nutzer damit sein privates Archiv ansteuern kann. Die Nachfrage dafür ist aus meiner Sicht beim Zuschauer bereits vorhanden. Entsprechend einfach kann dieser Mehrwert kommuniziert werden. Für MHP-Dienste war die Nachfrage nicht in dem Maße vorhanden, da viele Nutzer damit einfach nichts anzufangen wussten.

Frage: Ist Triple Play einfach nur ein Marketingbegriff oder ist das mehr? Oder wird hier nur ein Hype verursacht?

KW: Triple Play ist aus meiner Sicht eine Umschreibung für Bündelangebote aus verschiedenen Diensten, die gemeinsam vermarktet werden. Mit dem Hintergedanken, dass man da ein Angebotspaket schnürt, bei dem der Kunde Geld spart und möglichst viele Dienste von einem Anbieter abnimmt.
Der Kunde sollte schon aus der Vergangenheit ein sehr gutes Vertrauensverhältnis zum Anbieter haben, damit er überhaupt bereit ist, verschiedenste Dienste aus einer Hand zu nehmen. Sobald der Kunde den Eindruck hat, dass z.B. bei seinem Telefonanschluss schon einiges schief läuft, wird er kaum bereit sein, zusätzlich auch Fernsehen vom gleichen Anbieter zu beziehen. Es ist also eine sehr große Reputation vom Anbieter notwendig, da es sich bei Kommunikation und Unterhaltung um Grundversorgung, und somit um relativ sensible Dienste, handelt.

Frage: Ist VoD mit verschiedenen Werbemodellen eine Rückkehr zum Werbemarkt? Oder wird hier eher eine komplette Abkehr vom Werbemarkt versucht?

KW: Bei Pre-Roll-Werbespots gehe ich davon aus, dass die Akzeptanz beim Zuschauer durchaus vorhanden ist. Wenn die Spots kurz gehalten sind oder Sponsoring-Charakter haben, spielt es auch keine Rolle, ob der VoD-Inhalt kostenpflichtig ist.
Zudem kann bei VoD Werbung geschaltet werden, die inhaltlich zum Video passt, so dass die Wahrscheinlichkeit nochmals geringer ist, dass der Nutzer sich davon abgestoßen fühlt. Im Idealfall wird diese Werbung als hilfreiche Information wahrgenommen. Allerdings dürften Unterbrecherwerbungen bei kostenpflichtigen VoD-Diensten sicherlich vom Nutzer unerwünscht sein. Das liegt in Deutschland einfach an der Gewohnheit, dass vom Zuschauer Pay-Inhalte vielfach mit werbefrei gleichgesetzt werden.

Frage: Werden Podcasts weiterhin kostenfrei im Internet zur Verfügung stehen oder wird das durch kostenpflichtige Angebote und Werbemodelle unterwandert werden?

KW: Ich kann mir auf jeden Fall vorstellen, dass es bestimmte Podcasts geben wird, die kostenpflichtig sein werden. Und sobald ein einzelner Podcast eine hohe Relevanz erreicht, dass es für die Werbewirtschaft interessant wird, kann dies auch zu einer Vermarktung der Podcasts führen. Da werden die Fernsehsender zunächst wahrscheinlich noch aufpassen, dass sie damit nicht ihr normales Geschäft kannibalisieren. Denn die Werbezeitvermarkter sagen ja, dass die Werbung im Fernsehen wahrgenommen wird und rechtfertigen damit ihre Preise. Aus meiner Sicht ist die Wahrscheinlichkeit, dass die Werbung gehört bzw. gesehen wird, bei einem Podcast bedeutend höher, da der Nutzer den Podcast bewusst ausgewählt hat. Auch der Zeitpunkt, zu dem er den Podcast konsumiert, ist vom Nutzer selbst gewählt. Daher ist die Akzeptanz für vorgeschaltete Werbung sicherlich sehr hoch.

Frage: Was erwarten Sie in Zukunft von User-Generated-Content-Plattformen? Die Geschäftsmodelle sind da ja noch nicht so klar.

KW: Ich persönlich halte User-Generated-Content-Videoangebote für etwas überschätzt. Ich gehe davon aus, dass die überwiegend abgerufenen Inhalte, professionell hergestellte Inhalte sind – und eben nicht User-Generated-Inhalte. Also im Prinzip der vom Nutzer **eingestellte** Content, sprich: Musikvideos, lustige Werbespots aus aller Welt, oder auch Ausschnitte aus Fernsehprogramminhalten. Natürlich gibt es auch einzelne home-made, also tatsächlich user-generated Videos, die eine hohe Popularität erreichen. Aber insgesamt, denke ich, wird das weiter so eine Art Spielwiese bleiben. Sollten wirklich mal die professionell erstellten Inhalte von den Plattformen verschwinden, werden es die Portale sehr schwer haben. Vielleicht läuft es auch auf Mischangebote raus, in denen professionelle Inhalte angeboten werden und zusätzlich noch die Möglichkeit für die Nutzer besteht, eigenproduzierte Inhalte hochzustellen. Allerdings denke ich, dass reine User-Generated-Content-Inhalte ein Hype sind. Das wird wieder abnehmen, nachdem es dann die breite Masse komplett erreicht hat.

Frage: Glauben Sie, dass durch die Urheberrechtsprozesse, die sich in Amerika anbahnen, eine Regulierung stattfinden wird? Oder wird es im deutschen Markt auch Probleme geben, speziell bei Clipfish und MyVideo?

KW: Also Clipfish und MyVideo sind ja beide Plattformen, die zumindest teilweise zu großen Fernsehsendern gehören.
Bei Clipfish von der RTL Group werden beispielsweise Inhalte von „BigBrother" eingepflegt. Bei MyVideo werden entsprechend Inhalte der ProSiebenSat.1 Gruppe eingepflegt, z.B. von „Germany's next Top Model". Die Angebote werden aktuell in den Fernsehsendern der entsprechenden Anbieter promotet. Also aus meiner Sicht dienen diese Services im Moment noch als Plattform für sendereigene Inhalte und der Möglichkeit, dass der Nutzer selbst Inhalte hochladen kann – ein Mischmodell also. Damit wird es vorerst beim werbefinanzierten Modell bleiben – mit Bannerwerbung und Pre- oder Post-Roll-Ads.

Frage: Aber es ist doch naturgemäß so, dass die Clips der konkurrierenden Gruppe im jeweils anderen Portal laufen? Gibt es da langfristig Urheberrechtsprobleme oder ist das eher so ein Abwarten?

KW: Im Moment dürfte es überwiegend ein Abwarten sein. Bei manchen Inhalten sind die Sender vielleicht auch froh, wenn sie darüber noch zu einer größeren Verbreitung führen und quasi die entsprechenden Sendungen promoten. Wenn tatsächlich einmal ein Anbieter exklusive Inhalte auf dem eigenen Portal hochstellt und promoted, und diese tauchen dann auf dem Portal des Mitbewerbers auf, dann kann ich mir schon vorstellen, dass man sich untereinander darauf einigen wird solche Inhalte zu entfernen.

Frage: Wie schätzen Sie die Lage bei Mobile TV ein? Stimmt es, dass es trotz Formatchaos auch schon kurzfristig rentabel ist?

KW: Aus Sicht der Content-Anbieter ist das relativ unproblematisch, da die gleichen Angebote durch technische Möglichkeiten auf verschiedenen Plattformen abgebildet werden können. Also ein und derselbe Mobile Kanal kann einerseits über den Watcha-Dienst von MFD (*Mobiles Fernsehen Deutschland GmbH, Anm. d. Verf.*) zur Verfügung gestellt werden. Andererseits kann er aber auch über die UMTS-Mobile-TV

Angebote von T-Mobile oder Vodafone angeboten werden. Der Content-Anbieter erhält dann von den einzelnen Netzbetreibern entsprechende Entgelte. Da die technische Seite jeweils von den Netzbetreibern zu bewerkstelligen ist, dürfte diese Multiplizierung der Inhalte kein großes Problem für die Content-Anbieter sein.

Frage: Wird das langfristig stark bleiben, wenn die entsprechenden Geräte auf den Markt kommen? Werden die jungen Generationen lernen richtig mit Mobile TV umzugehen?

KW: Ich schätze, dass es langfristig dahin führen wird, dass ein Fernsehempfangsteil – aus meiner Sicht wird es ein DVB-H-Empfangsteil sein – in Handys integriert sein wird. Farbdisplay, Kamera und MP3-Player sind in den Geräten schon zum Standard geworden. Der Rundfunkempfänger wird sicher erst in den technisch besser ausgestatteten, teureren Geräten eingebaut sein, aber langfristig dann auch in massentauglichen Geräten.

Und auf Seiten der Netzbetreiber ist in den letzten Wochen bereits zu sehen, dass die Preise für die Datennutzung extrem absenkt werden. Damit werden kurzfristig erstmal die UMTS-Mobile TV-Angebote gepusht werden.

Anmerkung des Autors:
Am 30.03.07 wurde ein Telefoninterview mit Götz Hamann, Wirtschaftsredakteur der Wochenzeitung „Die Zeit", geführt. Zahlreiche Zitate im Text sind aus diesem Gespräch entnommen. Auf Wunsch Herrn Hamann wird hier auf einen Abdruck des Gesprächs verzichtet.

Literaturverzeichnis

Baujard, T. (2005), Konvergenz des Films, S. 87-94, in: Krömker, H., Klimsa, P. (Hrsg.), Handbuch Medienproduktion – Produktion von Film, Fernsehen, Hörfunk, Print, Internet, Mobilfunk und Musik, Wiesbaden 2005.

Bechtold, S. (2004), Digital Rights Management zwischen Urheber- und Innovationsschutz, S. 333-341, in: Zerdick, A., Picot, A., Schrape, K., Burgelman, J.-C., Silverstone, R. (Hrsg.), E-Merging Media – Kommunikation und Medienwirtschaft der Zukunft, Berlin, Heidelberg 2004.

Beck, H. (2005), Medienökonomie – Print, Fernsehen und Multimedia, 2. Aufl., Berlin, Heidelberg, New York 2005.

Branahl, U. (2006), Medienrecht – Eine Einführung, 5., vollständig überarbeitete Aufl., Wiesbaden 2006.

Breunig, C. (2006), Mobile Medien im digitalen Zeitalter. In: Media Perspektiven, Nr. 01, S. 2-15, Frankfurt am Main 2006.

Büllingen, F., Stamm, P. (2006), Triple Play im Mobilfunk: Mobiles Fernsehen über konvergente Hybridnetze, Bad Honnef 2006.

Butzek, E. (2006a), „Das ist unser Jahr!" In: Medienbulletin, Nr. 02, S. 28-31, Köln 2006.

Butzek, E. (2006b), Berlin als Vorreiter für Handy-TV. In: Medienbulletin, Nr. 07, S. 26-29, Köln 2006.

Butzek, E. (2006c), „Jetzt geht ein Fenster auf". In: Medienbulletin, Nr. 10, S. 28-33, Köln 2006.

Clement, M. (2000), Interaktives Fernsehen – Analyse und Prognose seiner Nutzung, Diss. Wiesbaden 2000.

Eckstein, E. (2004), Ehrgeiziges Ziel. In: Medienbulletin, Nr. 07, S. 42-43, Köln 2004.

Eckstein, E. (2005a), Boom steht kurz bevor. In: Medienbulletin, Nr. 11, S. 42-45, Köln 2005.

Eckstein, E. (2005b), Fragmentierter iTV-Markt verwirrt Nutzer. In Medienbulletin, Nr. 11, S. 48-49, Köln 2005.

Eckstein, E. (2006a), IP beschleunigt Konvergenz. In Medienbulletin, Nr. 04, S. 64-71, Köln 2006.

Eckstein, E. (2006b), IPTV-Geschäft mit Lizenz. In Medienbulletin, Nr. 06, S. 42-45, Köln 2006.

Eisner, H. (2002), Aufgaben des Cross-Media Managements in digitalen Fernsehmärkten, S. 187-202, in: Müller-Kalthoff, B. (Hrsg.), Cross-Media Management – Content-Strategien erfolgreich umsetzen, Berlin, Heidelberg 2002.

Freyberg, A. (2007), Triple-Play-Entwicklung – in Deutschland und weltweit, S. 13-28, in: Picot, A., Berecky, A., Freyberg, A. (Hrsg.), Triple Play – Fernsehen, Telefonie und Internet wachsen zusammen, Berlin, Heidelberg 2007.

Fringuelli, P. Graf (2004), Internet TV – Filmurheberrecht im Internet, Diss. Frankfurt am Main 2004.

Hachmeister, L., Zabel, C. (2004), Das interaktive Fernsehen und seine Zuschauer, S. 145-169, in: Salm, C. zu (Hrsg.), Zaubermaschine interaktives Fernsehen? – TV-Zukunft zwischen Blütenträumen und Businessmodellen, Wiesbaden 2004.

Hamann, G. (2006), Eine Katze verändert die Welt. In: Die Zeit, Nr. 1, S. 37, Hamburg 2006.

Hamann, G. (2007), Anatomie eines Deals. In: Die Zeit, Nr. 9, S. 25, Hamburg 2007.

Hass, B.H. (2002), Geschäftsmodelle von Medienunternehmen – Ökonomische Grundlagen und Veränderungen durch neue Informations- und Kommunikationstechnik, Diss. Wiesbaden 2002.

Hass, B. (2004), Desintegration und Reintegration im Mediensektor: Wie sich Geschäftsmodelle durch Digitalisierung verändern, S. 33-57, in: Zerdick, A., Picot, A., Schrape, K., Burgelman, J.-C., Silverstone, R. (Hrsg.), E-Merging Media – Kommunikation und Medienwirtschaft der Zukunft, Berlin, Heidelberg 2004.

Heinrich, J. (1999), Medienökonomie – Band 2: Hörfunk und Fernsehen, Opladen/Wiesbaden 1999.

Hess, T., Picot, A., Schmid, M.S. (2004), Intermediation durch interaktives Fernsehen aus ökonomischer Sicht: eine Zwischenbilanz, S. 17-51, in: Salm, C. zu (Hrsg.), Zaubermaschine interaktives Fernsehen? – TV-Zukunft zwischen Blütenträumen und Businessmodellen, Wiesbaden 2004.

Karmasin, M., Winter, C. (Hrsg.) (2000), Grundlagen des Medienmanagements, 1. Aufl., München 2000.

Karstens, E. (2006), Fernsehen Digital – Eine Einführung, Wiesbaden 2006.

Karstens, E., Schütte, J. (2005), Praxishandbuch Fernsehen – Wie TV-Sender arbeiten, Wiesbaden 2005.

Kaumanns, R., Siegenheim, V. (2006a), Handy-TV – Faktoren einer erfolgreichen Markteinführung. In: Media Perspektiven, Nr. 10, S. 498-509, Frankfurt am Main 2006.

Kaumanns, R., Siegenheim, V. (2006b), Video-on-Demand als Element im Fernsehkonsum?. In: Media Perspektiven, Nr. 12, S. 622-629, Frankfurt am Main 2006.

Kröhne, J. (2006) im Interview durch: Butzek, E., „Jetzt geht ein Fenster auf". In: Medienbulletin, Nr. 10, S. 28-33, Köln 2006.

Lutz, A. (2004), Content-Produktion für den Internetauftritt von Fernsehsendern: Experimente mit verschiedenen Organisationsformen, S. 148-160, in: Sydow, J., Windeler, A. (Hrsg.), Organisation der Content-Produktion, Wiesbaden 2004.

Mürl, S. (2005), Redaktionsarbeit im privaten Fernsehen, S. 171-180, in: Krömker, H., Klimsa, P. (Hrsg.), Handbuch Medienproduktion – Produktion von Film, Fernsehen, Hörfunk, Print, Internet, Mobilfunk und Musik, Wiesbaden 2005.

o.V. (2006), Media Perspektiven – Basisdaten, Frankfurt am Main 2006.

Pagel, S. (2003), Integriertes Content Management in Fernsehunternehmen, Diss. Wiesbaden 2003.

Picot, A. (2007), Begrüßung und Einführung, S. 1-8, in: Picot, A., Berecky, A., Freyberg, A. (Hrsg.), Triple Play – Fernsehen, Telefonie und Internet wachsen zusammen, Berlin, Heidelberg 2007.

Plake, K. (2004), Handbuch Fernsehforschung – Befunde und Perspektiven, Wiesbaden 2004.

Pohl, A. (2005), Fernsehen im Internet – Internetfernsehen: Neue Formen der TV-Produktion im Internet, S. 139-154, in: Krömker, H., Klimsa, P. (Hrsg.), Handbuch Medienproduktion – Produktion von Film, Fernsehen, Hörfunk, Print, Internet, Mobilfunk und Musik, Wiesbaden 2005.

Ring, W.D. (2004), Die Gesetzgebung vor den rechtlichen Herausforderungen des interaktiven Fernsehens, S. 175-187, in: Salm, C. zu (Hrsg.), Zaubermaschine interaktives Fernsehen? – TV-Zukunft zwischen Blütenträumen und Businessmodellen, Wiesbaden 2004.

Schirmer, N. (2006), Qualitative Bewertung von Werbung im Umfeld iTV (interactive Television) – Bestandsaufnahme, Analyse und Perspektiven des deutschen Marktes, Bochum/Freiburg 2006.

Schmidt, C., Simon, E., Engel, B., Frees, B., Oehmichen, E., Eimeren, B. van (2007), Mobiles Fensehen: Interessen, potenzielle Nutzungskontexte und Einstellungen der Bevölkerung. In: Media Perspektiven, Nr. 01, S. 11-19, Frankfurt am Main.

Schönbach, K. (2004), Das hyperaktive Publikum – noch immer eine Illusion. Ein Essay, „revisited", S. 113-120, in: Salm, C. zu (Hrsg.), Zaubermaschine interaktives Fernsehen? – TV-Zukunft zwischen Blütenträumen und Businessmodellen, Wiesbaden 2004.

Schröfel, A. (2006), Interaktives Fernsehen – Grundlagen, Anwendungen, Perspektiven, Saarbrücken 2006.

Schumann, M., Hess, T. (2000), Grundfragen der Medienwirtschaft, Berlin, Heidelberg 2000.

Sjurts, I. (2002), Cross-Media Strategien in der deutschen Medienbranche – Eine ökonomische Analyse zu Varianten und Erfolgsaussichten, S. 3-18, in: Müller-Kalthoff, B. (Hrsg.), Cross-Media Management – Content-Strategien erfolgreich umsetzen, Berlin, Heidelberg 2002.

Sjurts, I. (Hrsg.), (2004), Gabler Lexikon Medienwirtschaft, Wiesbaden 2004.

Stähler, P. (2002), Geschäftsmodelle in der digitalen Ökonomie – Merkmale, Strategien und Auswirkungen, 2. Aufl., Lohmar, Köln 2002.

Stieglitz, N. (2004), Konvergenz, technologische, S. 325-326, in: Sjurts, I. (Hrsg.), Gabler Lexikon Medienwirtschaft, Wiesbaden 2004.

Sydow, J., Windeler, A. (2004), Projektnetzwerke, Management von (mehr als) temporären Systemen, S. 37-54, in: Sydow, J., Windeler, A. (Hrsg.), Organisation der Content-Produktion, Wiesbaden 2004.

Wengenroth, K. (2006), Neue Erlösformen im deutschen Fernsehen – Entwicklung und Zukunft der Fernsehfinanzierung, Saarbrücken 2006.

Windeler, A. (2004), Organisation der TV-Produktion in Projektnetzwerken: Zur Bedeutung von Produkt- und Industriespezifika, S. 55-76, in: Sydow, J., Windeler, A. (Hrsg.), Organisation der Content-Produktion, Wiesbaden 2004.

Windeler, A., Sydow, J. (2004), Vernetzte Content-Produktion und die Vielfalt möglicher Organisationsformen, S. 1-17, in: Sydow, J., Windeler, A. (Hrsg.), Organisation der Content-Produktion, Wiesbaden 2004.

Wirtz, B.W. (2001), Electronic Business, 2. Aufl., Wiesbaden 2001.

Wirtz, B.W. (2006), Medien- und Internetmanagement, 5., überarbeitete Aufl., Wiesbaden 2006.

Woldt, R. (2004), Interaktives Fernsehen – großes Potenzial, unklare Perspektive. Internationale Erfahrungen mit dem „Fernsehen der Zukunft". In: Media Perspektiven, Nr. 07, S. 301-309, Frankfurt am Main 2004.

Wolf, M. (2006), Ökonomische Erfolgsfaktoren privater Fernsehveranstalter – Eine empirische Analyse externer und interner Erfolgsfaktoren, Diss. München 2006.

Wunschel, A. (2007), Podcasting – Bestandsaufnahme aktueller Ansätze von Business-Modellen, S. 155-173, in: Diemand, V., Mangold, M., Weibel, P. (Hrsg.), Weblogs, Podcasting und Videojournalismus – Neue Medien zwischen demokratischen und ökonomischen Potenzialen, Hannover 2007.

Zerdick, A., Picot, A., Schrape, K., Artopé, A., Goldhammer, K., Heger, D.K., Lange, U.T., Vierkant, E., López-Escobar, E., Silverstone, R. (2001), Die Internet-Ökonomie – Strategien für die digitale Wirtschaft, 3., erweiterte und überarbeitete Auflage, Berlin, Heidelberg, New York 2001.

Internetquellen:

Brandel, F. (2007), Neue Tarife für T-Home, http://www.iptvtoday.de/blog/306/neue-tarife-fur-t-home/ [Stand: 16.03.2007].

Grohmann, C. (2007), Betty TV: Sofameilen für gläserne Zuschauer, http://www.netzwelt.de/news/75121-betty-tv-sofameilen-fuer-glaeserne.html [Stand: 04.02.07].

Hagedorn, S. (2007), Internetplattform maxdome gewinnt Kunden, http://www.onlinekosten.de/news/artikel/24736 [Stand: 15.03.07].

Kleine, D. (2006), Content für Mobile TV -Erfahrungen und zukünftige Entwicklungen aus Sicht der ProSiebenSat.1 Media AG, http://www.bmt-online.de/download.php?datei=6deee29f5f6e5019ec24840d8190af11.dat [18.10.2006].

Kremp, M. (2007), Der iPod fürs Wohnzimmer, http://www.spiegel.de/netzwelt/spielzeug/0,1518,475615,00.html [Stand: 04.04.2007].

Merschmann, H. (2007), IPTV kommt – jetzt aber wirklich!, http://www.spiegel.de/netzwelt/tech/0,1518, 470411,00.html [Stand: 07.03.2007].

O'Reilly, T. (2007), What is he Web 2.0, http://www.oreilly.de/artikel/web20.html [Abruf am 31.03.2007].

o.V. (2007), Amazon steigt in Video on Demand ein, http://www.spiegel.de/netzwelt/web/0,1518,470595,00.html [Stand: 08.03.07].

o.V. (2007), Betty Fakten auf einen Blick, http://www.betty-tv.de/de/betty/about_betty/betty_fakten.php [Abruf am: 05.04.07].

o.V. (2007), Blucom Interactive – FAQ, http://www.blucom.de/Home.blucom.0.html?&L=2 [Abruf am 05.04.07].

o.V. (2006), Bundesnetzagentur – Pressemitteilung, Jahresbericht 2005, http://www.bundesnetzagentur.de/enid/954d7dd559c760e43bfabaee3e8e0a17,0/Servicenavigation_Bundesnetzagentur/Suchergebnisse_3a.html?searchstr=triple+play&abschicken.x=0&abschicken.y=0 [Stand: 16.03.2006].

o.V. (2005), Fernsehen im Internet – Streaming-Angebote der ARD, http://www.netzwelt.de/news/72691_2-fernsehen-im-internet-streamingangebote-der.html [Stand: 16.10.2005].

o.V. (2007), GEZ – Gebührenpflicht, http://www.gez.de/door/gebuehren/gebuehrenpflicht/index.html [Abruf am 26.03.07].

o.V. (2007), Maxdome, http://www.maxdome.de [Àbruf am 27.03.07].

o.V. (2006), ProSiebenSat.1-Gruppe und United Internet AG starten Video-on-Demand-Portal „maxdome", http://www.pro7sat1.com/pressezentrum/prosiebensat1mediaag/2006/03/08/21312/ [Stand: 8.03.2006].

o.V. (2007), ProSiebenSat.1 Media AG – Unternehmen – Konzernstruktur, http://www.prosiebensat1.de/unternehmen/konzernstruktur/ [Abruf am 26.03.07].

o.V. (2007), RTL – Familie – Diversifikation, http://www.rtl-television.de/ [Abruf am 26.03.07].

o.V. (2005), Report III (1. Halbjahr 2005) – Film & Fernsehen, http://www.medienkonvergenz-monitoring.de/menues/sidebar/downloads.html [Stand: 14.10.2005].

o.V. (2007), IPTV – Grundlagen, http://www.iptvtoday.de/blog/iptv-grundlagen/ [Abruf am: 13.03.2007].

o.V. (2007), Pakete und Preise im Überblick, http://www.t-home.de/c/74/16/97/7416970.html [Abruf am: 20.03.2007].

o.V. (2007), Schlaraffenland für Piraten? EMI schafft den Kopierschutz ab, http://www.n-tv.de/786322.html [Stand: 02.04.07].

o.V. (2007), Welcome to the competitive-isp.info, http://www.competitive-isp.info/ [Abruf am: 13.03.2007].

o.V. (2006), IPTV im Jahresrückblick 2006: Fernsehen über das Internet-Protokoll startet in Europa durch,
http://www.goldmedia.com/publikationen/studien/info/news/iptv-im-jahresrueckblick-2006-fernsehen-ueber-das-internet-protokoll-startet-in-europa-durch/328.html [Stand: 13.12.2006].

Röhrs-Sperber, M. (2007), EU-Kommission will den Formatkrieg beenden, http://www.spiegel.de/netzwelt/mobil/0,1518,471432,00.html [15.03.2007].

VDM
Verlag Dr. Müller

Wissenschaftlicher Buchverlag bietet
kostenfreie
Publikation
von
wissenschaftlichen Arbeiten

Diplomarbeiten, Magisterarbeiten, Master und Bachelor Theses
sowie Dissertationen, Habilitationen und wissenschaftliche Monographien

Sie verfügen über eine wissenschaftliche Abschlußarbeit zu aktuellen oder zeitlosen Fragestellungen, die hohen inhaltlichen und formalen Ansprüchen genügt, und haben **Interesse an einer honorarvergüteten Publikation?**

Dann senden Sie bitte erste Informationen über Ihre Arbeit per Email an info@vdm-verlag.de. Unser Außenlektorat meldet sich umgehend bei Ihnen.

VDM Verlag Dr. Müller Aktiengesellschaft & Co. KG
Dudweiler Landstraße 125a
D - 66123 Saarbrücken

www.vdm-verlag.de